MONTMARTRE

PHYSIQUE DE LA [...] SES [...]
[...] — SA CHAPELLE DU [...]
SA [...] SON ÉGLISE ET SON CALVAIRE
[...]

PAR D. J. F. GHERONNET

Revue et publiée

PAR M. l'Abbé OTTIN,
Curé de Montmartre.

AU PROFIT DE L'ŒUVRE DU CALVAIRE

A PARIS

CHEZ [...] ET PICHERY, LIBRAIRES
[...] de l'Opéra, 16.

HISTOIRE

DE

MONTMARTRE.

IMPRIMERIE DE Mme DE LACOMBE,
Rue d'Enghièn, 12.

HISTOIRE
DE
MONTMARTRE

ÉTAT PHYSIQUE DE LA BUTTE. — SES CHRONIQUES.
— SON ABBAYE. — SA CHAPELLE DU MARTYRE
— SA PAROISSE, SON ÉGLISE ET SON CALVAIRE.
— CLIGNANCOURT.

Par D. J. F. CHERONNET,

Revue et publiée
Par M. l'Abbé OTTIN,
Curé de Montmartre.

SE VEND AU PROFIT DE L'OEUVRE DU CALVAIRE.

A PARIS,

CHEZ BRETEAU ET PICHERY, LIBRAIRES,
Galerie de l'Opéra, 16.

1843.

AUX HABITANS

DU

DIOCÈSE DE PARIS.

C'est aux hommes de goût, aux amateurs de l'antiquité et de tout ce qui tient du culte des arts, aussi bien qu'aux âmes pieuses, que j'adresse avec confiance ce petit ouvrage. Les premiers, en le lisant, y trouveront quelqu'attrait : les sciences naturelles, l'archéologie et l'histoire y figurent tour à tour, et semblent s'être donné rendez-vous sur cette vieille montagne qui recèle dans son sein des trésors pour le géologue, et sur ses flancs des monumens historiques pour l'archéologue et le savant.

Cependant je le dédie plus spécialement

aux chrétiens fervens, aux pèlerins du Calvaire, aux pieux fidèles du Diocèse. En le lisant, ils se sentiront, je l'espère, remplis d'un vif intérêt pour un lieu si cher à la religion, si riche en pieux souvenirs. Ils seront portés à le visiter, et ils viendront, à l'exemple et à la suite des Ignace de Loyola, des François-Xavier, des François-de-Sales, des Vincent-de-Paule, et de tant d'autres saints personnages, y retremper leur foi, y ranimer leur charité, et y puiser des forces nouvelles par la pratique du bien.

En effet, après avoir lu cette *Histoire de Montmartre*, le fidèle ne verra pas seulement, comme la foule, dans la montagne des Martyrs, une promenade agréable ou salutaire, un lieu de plaisirs et de divertissemens populaires; mais perçant cette première enveloppe, rejetant ou écartant ce tableau souvent grossier et condamnable, il y trouvera une mine féconde de piété, une source de grâces, un sol sanctifié par la présence et les prières des saints, et par le sang des martyrs; il fume encore ce sang précieux des Denis et de tant d'autres apôtres de la foi.

L'église antique de Montmartre lui rappellera les temps où la foi faisait entreprendre de glorieux et lointains pèlerinages, et les grands hommes dont la voix éloquente agitait et entraînait les masses vers les saints lieux : Eugène III, saint Bernard et Pierre-le-Vénérable.

Le Calvaire, nouvellement établi près de cette église, et dominant la capitale qu'il embrasse tout entière dans sa vue, lui rappellera le lieu où la croix fut plantée pour la première fois par saint Denis et arrosée de son sang. Il comprendra, en voyant au pied de cette croix l'immense ville de Paris, le besoin, pour cette grande cité, de revenir au culte de ses pères, d'adorer la croix et de la replacer sur ses monumens, et plutôt encore dans les cœurs dont elle a été arrachée depuis plus d'un siècle par tant d'écrits impies et de persécutions cruelles.

Il priera donc au pied de cette croix, et pour lui et pour sa famille, et pour les habitans de la capitale, et pour tous ses compatriotes. Je le supplie, ce pieux fidèle, de ne pas oublier et le pasteur de Montmartre et le troupeau confié à sa sollicitude : c'est la seule récompense qu'il envie et qu'il sollicite pour la part *qu'il a prise* à la confection et à la publicité de cet ouvrage.

PRÉFACE.

Offrir au public une histoire de Montmartre est une tentative qui n'est pas sans quelque témérité. Comment intéresser en parlant d'une localité dont tout le monde, dira-t-on, connaît les Chroniques?

Si l'expérience ne nous eût appris, lorsque nous faisions de nombreuses recherches pour établir l'*Histoire du Mont-Valérien* (1), que tout ce qui depuis un siècle a été écrit, tant sur Paris que sur ses environs, est inexact, tronqué, partial, en un mot, incomplet, nous ne nous serions jamais livré à un

---

(1) L'auteur, il y a quatorze ans, avait commencé l'*Histoire du Mont-Valérien* ; des évènemens sont venus bientôt arrêter son travail qu'il a repris ultérieurement et continué jusqu'à ce jour. Son livre est terminé. Il n'a d'autre but, ici, que celui de prendre date contre tout ce qui pourrait être publié sur cette localité, dont une histoire incomplète a paru en 1834, pendant qu'il reprenait la sienne.

nouveau travail du même genre. Mais cette certitude que nous avons acquise et que beaucoup de nos amis partagent, jointe aux nombreux encouragemens que quantité de personnes nous ont donnés à l'occasion de l'histoire projetée de Montmartre, nous a déterminé à ne pas tarder plus long-temps à nous mettre à l'œuvre.

Nous avons été assez heureux pour nous environner de faits nombreux et certains puisés dans des titres authentiques qu'on a bien voulu mettre en notre possession. C'est au moyen de ces secours que nous présentons sur Montmartre grand nombre de particularités inédites et pleines d'intérêt, surtout pour les personnes qui aiment à vivre dans les souvenirs des âges écoulés et à en faire leur étude. Nos démarches curieuses et persévérantes auprès des vieillards du pays ont obtenu les renseignemens contemporains. Nous avons réuni le tout dans un ordre chronologique.

Nous avons évité les longs récits ; nous n'avons pas cherché à briller par les descriptions et les tableaux pittoresques. Nous avons tâché d'être bref, intéressant, exact par-dessus tout. C'est sous ce dernier point de vue que nous voulons être jugé.

Nous n'avons pas la prétention d'avoir fait un livre remarquable, nous avons seulement ramassé des matériaux avec lesquels une main moins patiente, mais plus habile, pourra faire un bel ouvrage. Sous ce rapport nous pourrons être utile un jour.

En effet, pour peu qu'on veuille posséder l'histoire particulière des lieux qui ont quelque importance ou quelque célébrité dans notre histoire générale, le temps est bientôt venu où il sera trop tard pour s'en occuper. Encore un peu, et il ne sera plus possible de lier le présent au passé, les traditions seront perdues faute de renseignemens pour les établir. Encore quelques années, et la génération qui seule peut nous les transmettre aura disparu, emportant le dernier anneau de la chaîne des évènemens.

Nous terminons donc cette courte préface en manifestant le désir que des hommes de labeur et de conscience se hâtent de recueillir dans l'intérêt de la vérité, tous les faits épars qui peuvent compléter pour le diocèse et les environs de Paris, sous le rapport religieux, civil et archéologique, l'œuvre si courageusement commencée par le savant Abbé Lebeuf.

ÉTAT PHYSIQUE DE LA BUTTE MONTMARTRE.

———o☙o———

Avant d'entrer dans le détail des évènemens anciens et modernes, religieux et artistiques, qui rendent si intéressante la montagne des Martyrs, nous croyons devoir nous arrêter un instant sur la nature, l'état physique et géologique du sol de Montmartre, sur sa formation et sur les objets curieux qu'il renferme; je veux parler des coquilles, des plantes et des ossemens fossiles dont la découverte, depuis plus d'un demi-siècle, a fait faire tant de progrès à la science de la géologie, et a illustré l'immortel Cuvier.

Il est difficile de dire comment s'est formée cette montagne. Il n'est guère croyable, comme quelques-uns l'ont pensé, qu'elle provient des terres que les débordemens de la Seine auraient amassées. Cependant il est certain que son sol est composé d'abord de deux bancs de sable qui ont été formés dans un liquide analogue à l'eau douce; on le juge ainsi par les débris de coquilles de rivières et les dépôts d'animaux vivant dans l'eau douce, qu'ils renferment. Ces deux bancs ont environ trente mètres d'épaisseur.

Au-dessous se trouvent des terrains diluviens renfermant des preuves irrécusables du déluge, et d'un séjour assez long des eaux de la mer.

Ce sont d'abord des bancs de coquilles de toutes espèces, particulièrement des coquilles de mer agglomérées et formant des espèces de pierres entièrement composées de leurs débris; ces bancs sont divisés en plusieurs couches jusqu'au gypse exploité et ont environ 20 mètres d'épaisseur; puis viennent trois bancs ou masses de pierre calcaire ou de gypse, dont on se sert, soit pour bâtir, soit surtout pour faire le plâtre dont sont construites une grande partie des maisons de la capitale.

Ces bancs sont divisés par couches plus ou moins épaisses, et les intervalles qui les séparent sont composés de couches de sable, renfermant, comme les couches supérieures, des débris de plantes, de coquilles d'huîtres; on y a trouvé aussi des crabes, des balanites et des os de raies.

La première masse de pierre calcaire est de quinze à vingt mètres environ d'épaisseur. On y a trouvé un tronc de palmier et celui d'un autre arbre du même genre, pétrifié en silex.

La deuxième masse de pierre n'a guère qu'environ dix mètres. On y trouve ausi des débris de coquilles.

La troisième masse de gypse est également d'environ dix à onze mètres.

C'est au milieu et au dessous de ces masses de pierre et surtout dans la dernière qu'on a acquis la certitude d'un sol habité avant le séjour des eaux de la mer et avant la formation du gypse ou de la pierre calcaire, par des quadrupèdes de diverses espèces entièrement perdues aujourd'hui, ou dont les analogues ne se trouvent que dans l'Amérique; des reptiles, des oiseaux, et cela par la découverte qu'on a faite et qu'on fait encore tous les jours à plus de quatre-vingts mètres au-dessous du sol, et au milieu de la masse de pierre, d'ossemens que le célèbre Cuvier a réunis, et dont il a reformé les corps avec un art admirable, étendant ainsi de beaucoup le domaine des sciences naturelles. Cet homme savant en effet, par l'inspection des os et leur configuration, celle des mâchoires, la forme des dents, celle des muscles et des pieds, a pu déterminer le genre et l'espèce de ces animaux, auxquels il a rendu presque l'existence en faisant connaître leurs formes, leur caractère et leurs habitudes, et en leur donnant même des noms analogues : le palœothérium dont il existe cinq espèces de diverses grandeurs depuis celle d'un rhinocéros jusqu'à celle d'un agneau, et qui ont quelque analogie avec le tapir, animal de l'Amérique, dont le museau est allongé et les pieds de derrière plus hauts que ceux de devant; et l'anoplothérium dont on a aussi trouvé cinq espèces de diverses tailles, depuis celle d'un âne jusqu'à celle d'un lièvre, et au-dessous même. Ces animaux ont quelque ressemblance avec la loutre, par la forme allongée de leur corps, leurs habitudes, devant être comme elle, nageurs herbivores et couverts d'un poil lisse.

On a encore découvert, toute ou partie de la mâchoire et une dent molaire d'un quadrupède, genre intermédiaire entre le chien et la mangouste ou civette; une portion du pied de devant d'un animal carnassier; le squelette presque entier d'un petit quadrupède du genre des sarigues, animal qui vit en Amérique; des ossemens fossiles d'oiseaux, dont un squelette entier fut trouvé à Montmartre; enfin des ossemens de tortue, de reptile, de poisson d'eau douce, tels que brochets et truites, et le squelette d'un spar, poisson de mer.

Ainsi, le sol de Montmartre, si recommandable par ses souvenirs religieux, ne l'est pas moins aux yeux du savant et du géologue par les monumens qu'il renferme, touchant les premières révolutions du globe.

C'est encore un titre de gloire pour cette sainte montagne d'avoir fourni à l'illustre Cuvier le plus grand nombre des preuves avec lesquelles il a établi de si frappans rapports entre le récit de Moïse et les couches terrestres qu'il a observées. La piété, l'histoire et la science se donnent ici la main pour faire de Montmartre un lieu de pélerinage où l'esprit et le cœur trouvent abondamment à se satisfaire.

CHRONIQUES

ou

HISTOIRE GÉNÉRARE DE MONTMARTRE.

Paris n'existait pas encore : quelques huttes seulement couvraient le sol de la future Lutèce, que déjà, de cette île qu'on appelle la *Cité*, au travers de la vaste forêt qui s'étendait le long de la rive droite de la Seine, partait une route conduisant directement à une colline assez élevée, située vers le nord. Cette colline était couronnée de deux temples payens : l'un dédié à Mars, l'autre à Mercure.

C'est à raison de l'un de ces deux temples que, dans ses chroniques, Frédégaire, au VIIIe siècle, et Hilduin, dans la vie de l'Aréopagite, au IXe, nomment cette colline *Mons-Mercurii*, et qu'au même siècle, à raison de l'autre, dans son poëme latin sur le siége de Paris, le moine Abbon l'appelle *Mons-Martis* (1).

(1) Abbo, lib. II, vers 196.

Le père Doublet, dans son histoire chronologique de saint Denis, prétend que les Druïdes avaient un collége à Montmartre, et que là ils instruisaient les fils de la noblesse gauloise.

D'après Abbon, au pied de la montagne, du côté de la ville, existait une grande plaine qu'on appelait le Champ-de-Mars. C'était là que nos rois de la première race, débiles jouets d'un maire du palais qui les faisait monter en parade sur un char décoré de verdure et traîné par des bœufs, se montraient une fois l'an à nos pères ébahis. Le continuateur de Grégoire de Tours, que nous traduisons, raconte ce fait. Boileau, au second chant du *Lutrin*, traduit aussi ce passage, quand il fait parler la mollesse en ces termes :

> Hélas! qu'est devenu ce temps, cet heureux temps,
> Où les rois s'honoraient du nom de fainéans,
> S'endormaient sur le trône, et me servant sans honte,
> Laissaient leur sceptre aux mains ou d'un maire ou d'un comte !
> Aucun soin n'approchait de leur paisible cour :
> On reposait la nuit, on dormait tout le jour.
> Seulement au printemps, quand Flore dans la plaine
> Faisait taire des vents les bruyantes haleines,
> Quatre bœufs attelés, d'un pas tranquille et lent,
> Promenaient dans Paris le monarque indolent....

Malgré les opinions contraires, c'est dans ces vieux témoignages, comme l'affirme Hilduin, qu'il faut, selon nous, chercher la plus vraisemblable étymologie du nom de Montmartre.

Toutefois, M. Grand-Colas, docteur de Sorbonne, l'a contestée. Il pense que Montmartre doit être la corruption de *Montmarte*, ou *Montmercre*. Cette idée se confondrait avec celle qui fait dériver le mot *martre* de *martroy*; les deux vieux mots qu'on vient de lire ayant, ainsi que ce dernier, dans l'antique langage, la même signification: celle de supplice. Or, la coutume très ancienne d'exécuter les criminels sur un sol éminent, hors des villes, est généralement connue (une des rues de Paris, une place d'Orléans, qui portent ce nom de *Martroy*, confirment cet usage). Il suit donc de là que le versant méridional de notre montagne était un lieu d'exécution, et que, dans le IIIe siècle, les chrétiens, et même saint Denis, quoi qu'on en veuille dire, ont bien pu y souffrir le martyre.

Hilduin, dit-on, a le premier inventé la dénomination de *Mons Martis*, que les légendaires qui l'ont suivi ont répétée. L'abbé Lebeuf partage cette opinion et soutient, sans preuves, qu'il n'existait ni temple de Mars, ni temple de Mercure sur la montagne. Donnant ainsi un complet démenti à Sauval, qui affirme en avoir vu les vestiges. Dubreul, avant lui, a dit aussi les avoir vus; Adrien de Valois est du même avis.

Quoi qu'il en soit, Hilduin a écrit au IXe siècle que saint Denis et ses compagnons, après avoir eu le corps battu de verges au pied de l'idole de Mercure, furent recouverts de leurs habits; et de là conduits à un lieu indiqué, où, après qu'on les eut fait mettre à genoux, ils eurent la tête tranchée. *Omnes sancti martyres nudi cæsi et suis vestibus reinduti e regione idoli Mercurii ad locum constitutum educti ad decollationem sunt genua flectere jussi.* Voilà qui est bien explicite : or, s'il y avait sur la colline une idole de Mercure, il est bien possible qu'il y eût aussi un temple.

Nous rapportons ces contradictions, qui ne sont pas les seules. Dom Duplessis, dans ses nouvelles Annales de Paris, après avoir dit et prouvé par la citation du vers 315 du poëme d'Abbon que le mot *corus* est employé pour désigner le vent du Nord, pense que la dénomination de *Mons Mercurii* est une extension de *Mons cori*, qui signifiait *montagne du Nord*, désignation fort bien appliquée à notre colline.

Toussaint Duplessis soutient de plus, dans une dissertation assez longue, et d'après d'assez forts raisonnemens qui pourraient faire autorité, que le supplice de Saint-Denis n'eut pas lieu sur la montagne de Mars.

Nous ne nous prononcerons pas sur cette question. On sait, au reste, que la vie d'aucun saint n'a plus exercé la critique et la controverse que celle de saint Denis. Il serait trop long de donner ici toutes les discussions critiques et historiques auxquelles ce point a donné lieu. Cependant obligé de prendre un parti, nous adoptons l'opinion commune qui a prévalu ; elle prête d'ailleurs trop d'intérêt à nos religieux souvenirs pour que nous l'abandonnions.

Le mont de Mars a de la célébrité dans l'histoire. Frédégaire dit que, dès l'an 627, il y existait une maison où, sur l'ordre de Clotaire II, qui était à Clichy, OEgine, grand seigneur saxon, se retira, en attendant que la colère de Caribert, dont ses gens avaient tué le maire du Palais, fût assoupie. Il dut à l'influence de Clovis de n'y point être assiégé.

Les bâtimens qui existaient sur la montagne eurent beaucoup à souffrir en 886, lors du siége de Paris par les Normands. C'est du sommet du mont de Mars que le comte Eudes, qui était allé trouver le roi Charles-le-Gros pour avoir du secours, se montra aux assiégés, qui l'aperçurent. S'ouvrant courageusement un passage au travers des ennemis, il parvint jusqu'aux portes de la ville, qui lui furent ouvertes par l'abbé Ebles (1).

Ce fut à Montmartre que Louis-le-Gros campa avec son armée et que les deux frères Thierry et Aledramme, à la tête de six cents braves, après

(1) Ebles était abbé de Saint-Germain-des-Prés.

avoir jonché de morts tout le terrain entre la montagne et la Seine, parvinrent jusque dans la ville.

Un demi-siècle après, suivant la chronique du chanoine Frodoard que nous traduisons : «L'an du Seigneur 944, une furieuse tempête, accompagnée d'une trombe violente, s'éleva sur le bourg de Paris. La véhémence de la trombe fut telle qu'une très ancienne maison, solidement construite, située sur le mont appelé le mont des martyrs, et qui, depuis longues années, résistait aux efforts du temps, fut renversée de fond en comble. On rapporte, ajoute Frodoard, que durant cette tempête on vit dans les airs plusieurs démons qui, sous l'aspect de cavaliers, démolissaient et abattaient à coups de poutre une église voisine de l'antique maison, et mettaient tout en ruine sur la montagne, dont, en même temps, ils ravageaient les vignes et les maisons. « Anno » Domini 944, tempestas nimia facta est in pago » parisiaco, et turbo vehementissimus : quo parietes » cujusdam domûs antiquissimæ, qui validissimo » constructi cimento, in monte qui dicitur Marty- » rum diu perstiterunt immoti, funditùs sunt ever- » si : feruntur autem dæmones tunc ibi sub equitum » specie visi : qui ecclesiam quamdam, quæ proxi- » ma stabat, destruentes, ejus trabes parietibus » incusserunt, ac sic eos subruerunt. Vineas quo-

» que ipsius montis evulserunt, et omnia sata
» vastaverunt. »

Laissons de côté le merveilleux que, suivant la coutume de son époque, et le goût du peuple, qui veut toujours trouver du prodige dans certaines circonstances, le chroniqueur mêle à son récit; mais remarquons qu'alors Montmartre, qui nous paraît aujourd'hui bien stérile, était un lieu de culture importante, puisqu'on tient compte de la perte de ses moissons.

On s'étonnera moins de cette remarque, si l'on sait observer par un regard rétrospectif, que Montmartre, dans les premiers temps, était un village, ou plutôt un hameau environné d'immenses plaines que dominaient des côteaux couverts de vignes. Les flancs de la colline n'avaient pas été fouillés, et la couche végétale du sol avait toute sa fécondité. C'est sur ces terrains et sur ces côteaux qui formaient la seigneurie de l'abbaye, que successivement se sont élevés, à partir de la zône que décrivent nos boulevards, les faubourgs Poissonnière et Montmartre, le quartier Saint-Georges et une partie de ce qu'on appelle la Chaussée-d'Antin. Nous confirmerons cette observation dans l'histoire particulière de l'abbaye.

L'abbé Lebeuf suppose qu'au moins au commencement du VIIe siècle ou du VIIIe, au plus tard, il existait une église sur Montmartre et qu'elle était du titre de Saint-Denis, puisque dans le livre des miracles de ce saint, écrit sous Charles-le-Chauve, il est dit que l'église qui existe sur le mont appelé depuis peu *mons Martyrum* (*mont des Martyrs*), avait besoin d'une charpente nouvelle, tant l'ancienne était délabrée, au point qu'elle tombait de vétusté.

Cette dénomination de mont des Martyrs pour avoir pris faveur, devait, nous le répétons, trouver son appui dans une vieille tradition bien fondée, malgré tout ce que l'on peut opposer de contradictoire, sur l'opinion reçue du supplice des chrétiens sur cette montagne. De là nous maintenons que, sans répugnance, on peut admettre l'existence de temples ou d'idoles sur la cime, et ne pas reporter sur une autre localité la décollation de saint Denis.

A l'occasion d'une église sur Montmartre, nous ferons, avec le chevalier Bard, la remarque que presque toutes les cités un peu importantes sont voisines de ces grandes œuvres de la nature, d'où l'œil plonge avec une immense admiration sur les agglomérations humaines. Oui, presque toujours auprès d'une ville un peu importante s'élève majestueusement une haute colline, une montagne que domine une chapelle, un ermitage ou un oratoire d'où la fervente prière s'élance brûlante vers les cieux, ou que sanctifie la présence d'une croix ou d'un calvaire. Que de lieux dans le royaume très chrétien justifient cette observation. Lyon a son côteau de Fourvières, d'où Marie protège de sa maternelle assistance la pieuse postérité des saints Irénée et Pothin. Marseille, à l'orient de sa rade, voit surgir le mont de Notre-Dame de la Garde, que couronne une chapelle assise dans des bouquets de verdure. Talant, près de Dijon, montre sa pittoresque cime parée de son antique église. Dôle est dominé par le mont Roland, qui nous montre encore un groupe très fréquenté des ruines gothiques de son vieux monastère. L'antique Lutèce avait son Lucotitius, d'où la vierge de Nanterre la protégeait de sa houlette et de son amour. Paris, qui naguère encore voyait briller le signe du salut sur le haut du mont Valérien, riche en pieux et récens souvenirs, est toujours heureux de posséder aujourd'hui une vénérable église protectrice de l'étendard sacré sur le sommet non moins célèbre de la sainte montagne des Martyrs. Là, il peut encore, comme dans les anciens jours, porter ses hommages publics et ses adorations aux pieds du Dieu crucifié, et de même que dans tous les lieux que nous venons de nommer, admirer les séduisantes et majestueuses merveilles de la nature.

On lit dans l'histoire de France qu'en 977,

Lothaire, dans la guerre qui amena la conquête de la Lorraine, fut sur le point de prendre l'empereur Othon II, qui s'oubliait à Aix-la-Chapelle dans la joie et les festins. Il était gaîment à table lorsque les troupes françaises entrèrent dans le château qu'il habitait et le pillèrent. Il fut cependant assez heureux pour leur échapper. Toutefois cette déshonorante surprise causa à l'empereur une telle colère, qu'il résolut de s'en venger. Il jura donc avec fanfaronnade qu'il irait sur Montmartre même chanter un *alleluia* si bruyant, qu'on l'entendrait jusqu'à Notre-Dame de Paris.

En effet, trois ans après (980), Othon entra sur notre pays avec une armée qui fit beaucoup de ravage, désola les lieux où elle passa et vint camper aux portes de Paris, sur Montmartre même, dont il avait ordonné de respecter l'église. Mais Lothaire, réuni à Hugues Capet, à qui l'orgueilleux empereur avait fait signifier sa vaniteuse résolution, fit contre lui une vigoureuse sortie et le repoussa sans relâche jusqu'au-delà des Ardennes. Baudry, dans sa chronique des évêques de Cambrai, raconte ce fait et prétend que l'*alleluia* fut chanté; que tout Paris l'entendit, et que Hugues-Capet lui-même en fut fort surpris. Malgré notre respect pour le grand-chantre de l'église de Cambray, le silence gardé par des historiens recommandables sur l'accomplissement de cette bravade, nous permet de croire que, puisque Hugues Capet avait été prévenu et qu'il chassa Othon, il le fit assez tôt pour l'empêcher d'exécuter son insolente menace. Nous n'en conservons pas moins le souvenir du passage d'Othon sur Montmartre.

C'est vers cette époque que la munificence de nos rois de la troisième race, pour récompenser les grands services rendus à l'état par la famille Bouchard, souche de la maison de Montmorency, lui donne bénéficiairement une partie du territoire de Montmartre.

En 1096, un seigneur de Montmorency, le quatrième du nom de Bouchard (1), possédait donc en vertu de cette donation, l'église, l'autel et le sanctuaire ; le cimetière, un terrain considérable aux environs ; la troisième partie de la dîme et le tiers des hôtes avec la moitié du labourage. Tous ces biens, qu'un nommé Vautier Payen et sa femme Hodierne tenaient de lui, furent en ce même temps et de son consentement cédés en partie avec l'église aux moines du prieuré de Saint-Martin-des-Champs.

L'église, qui jusqu'alors n'avait été qu'une paroisse, devint en même temps le centre d'un

---

(1) Un village des environs de Montmorency porte encore aujourd'hui le nom de Plessis-Bouchard.

couvent dépendant du monastère de Saint-Martin. Ursion, qui en était prieur, fit peut-être à cette époque rebâtir l'église; toujours est-il qu'il en réserva une partie pour servir d'autel paroissial.

C'est aussi au même temps que d'autres laïques firent don au même prieur d'une petite église appelée par le peuple chapelle du Saint-Martyre, et qui existait sur la colline. *Parva ecclesia quæ in colle montis Martyrum est et a vulgo appellatur Sanctum Martyrium.* Ainsi est-il dit dans l'histoire de Saint-Martin-des-Champs.

Ces deux donations ont été confirmées en 1098, sous le règne de Philippe Ier, par Guillaume, 63e évêque de Paris.

On pense qu'à l'époque de cette donation les moines de Saint-Martin établirent à Montmartre un prieuré de l'ordre de Cluny. Cet établissement aurait duré peu de temps.

En effet, trente-cinq ans plus tard (1133), Louis-le-Gros et sa femme Adélaïde, poussés par un mouvement de dévotion assez commun dans ces temps, voulurent fonder un monastère de bénédictines, et ne crurent pas trouver un lieu plus propice à l'exécution de leur projet que le sommet de Montmartre.

Ils négocièrent donc avec les moines de Saint-Martin, et pour les décider à quitter le terrain, leur donnèrent en échange de ce qu'ils posédaient sur la montagne, l'église de Saint-Denis-de-la-Chartre à Paris. La transaction s'opéra au gré du roi, et deux actes réciproques, que Dubreul (1) donne tout au long, en établissent les mutuelles conventions.

La ratification de ces contrats fut donnée par Maurice-le-Vénérable, abbé de Cluny; et deux années plus tard, le pape Innocent II confirma par une bulle, aux moines de Saint-Martin, la possession spéciale de Saint-Denis-de-la-Chartre.

Louis-le-Gros fit tout d'abord reconstruire l'église et la chapelle du Martyre, et en même temps bâtir un couvent sur la cîme de la montagne, auprès de la nouvelle église : c'est celle qui existe encore aujourd'hui.

Eugène III, que des troubles politiques, survenus en Italie, avaient contraint de se réfugier en France, fut invité à faire la consécration de cette église, nouvellement construite. Ce souverain pontife, après avoir officié le jour de Pâques de l'an 1147, dans la basilique de Saint-Denis vint, le lendemain lundi, 21 avril, à Montmartre, célébrer la messe, assisté de saint Bernard et de Pierre-le-Vénérable. L'un lui servit de diacre, l'autre de sous-diacre; après la messe, il consacra l'église. Ce jour, il n'y eut de consacré que la

(1) Antiquités de Paris, liv. 4, page 1154.

partie de l'édifice que nous appellerons occidentale, et qui va du portail à l'endroit où est maintenant le maître-autel. Cette partie était déjà à cette époque l'église paroissiale et fut dédiée sous l'invocation de Saint-Pierre, apôtre.

Le dimanche après l'Ascension, de la même année, le pape revint à Montmartre consacrer la partie orientale de l'église : celle qui est derrière l'autel paroissial et qui comprend l'abside et deux chapelles latérales. Cette consécration fut faite sous l'invocation de la sainte Vierge et de Saint-Denis ; et cette partie était réservée aux religieuses.

A toutes les époques où le fléau de la guerre affligea notre patrie, Montmartre eut à souffrir du séjour ou du passage des troupes. Nous l'avons déjà fait remarquer.

Ainsi, en 1382, pendant que Charles VI, avant la bataille de Rosebec, réunissait, sous les ordres du duc de Bourgogne, une nombreuse armée qui devait faire rentrer dans le devoir les Flamands révoltés contre leur comte, la banlieue fut couverte de soldats assez difficiles à contenir, et notre montagne eut quelque peu à souffrir de leur présence.

Après l'assassinat du duc Louis d'Orléans (1407), pendant les longues et trop sanglantes querelles qui divisèrent la France en deux factions désignées dans l'histoire sous les noms de *Bourguignons* et *d'Armagnacs*, Montmartre fut plusieurs fois envahi par les troupes de l'un ou de l'autre parti.

Douze ans après, le meurtre du duc de Bourgogne amena de nouveaux malheurs. Philippe-le-Bon et Isabelle de Bavière, profitant de la démence de Charles VI, s'unirent contre le Dauphin ; cette funeste alliance mit notre pays au pouvoir des Anglais. Pendant dix-huit ans, la France supporta leur domination. Combien de fois, durant ces trop longues années, Montmartre n'eut-il pas à souffrir des désordres que presque toujours la guerre entraîne après elle? Peut-être aussi fut-il alors le théâtre d'un de ces glorieux exploits par lesquels la valeureuse Jeanne d'Arc préparait une des restaurations de la France. Quoi qu'il en soit, il ne tarda pas à être de nouveau troublé par le bruit des armes.

En 1464, les princes français s'armèrent contre Louis XI et investirent Paris. Leur nombreuse armée, au nom de la *ligue du bien public*, désola notre montagne aussi bien que la campagne qui avoisine la capitale.

Ces désastreuses guerres et ces fréquentes occupations des environs de Paris par les troupes, causèrent d'immenses dommages à l'abbaye de

Montmartre, dont toutes les terres demeurèrent forcément incultes pendant plusieurs années.

La chronique scandaleuse de Louis XI nous donne en peu de mots une idée du ravage que firent les soldats autour de Paris dans ces temps de misère. Il y est donc dit : En 1475, le lundi 9 septembre « les Bretons et les Bourguignons fu-
» rent ès terrouers de Clingnencourt, Montmar-
» tre, la Courtille et autres vignobles d'entour
» Paris, prendre et vendanger toute la ven-
» dange qui y étoit jaçoit (quoique) ce qu'elle
» n'étoit point meure. »

Quand on parle du vignoble de Montmartre, on ne veut pas dire que le vin en était de bonne qualité ; on serait démenti sur ce point par les proverbes un peu burlesques que cite Sauval et que Dulaure et autres ont répétés, mais que nous omettons volontiers.

Privée de ses récoltes et en même temps des revenus que lui fournissaient les baux nombreux de ses propriétés dont elle ne recevait aucun fermage à raison des malheurs publics, l'abbaye contracta des dettes. Pour les acquitter, elle fut obligée de vendre ou d'aliéner une partie de ses possessions. C'est à ces fâcheuses circonstances et à ces ventes qui en furent la suite que Montmartre dut le commencement de constructions vers le bas de la butte et près des murs de Paris, ce qui augmenta singulièrement sa population dans ces parages.

C'est à cette expansion de la population sur une plus grande étendue de terrain qu'on doit, un peu plus tard, l'érection d'une chapelle pour la commodité des habitans. Cette chapelle, à la nomination de l'abbaye, fut bâtie où est aujourd'hui la rue Coquenard et mise sous l'invocation de Notre-Dame-de-Lorette; dans la suite, le peuple l'appela Chapelle des Porcherons; transportée de nos jours dans le faubourg Montmartre, on ajouta à son premier nom celui de Saint-Jean, à cause de sa réunion avec une autre chapelle de ce nom, située dans le même quartier et dépendante de Saint-Eustache, dont la paroisse s'étendait jusque là. Enfin, elle est maintenant à l'extrémité de la rue Lafitte, la brillante plutôt que magnifique église de Notre-Dame-de-Lorette, dont la la circonscription est presque toute prise sur l'ancien territoire de Montmartre : la paroisse Saint-Vincent-de-Paul est dans le même cas. Ces filles de l'église de Montmartre, sont aujourd'hui bien plus grandes que leur mère.

Nous n'avons rien trouvé qui pût nous indiquer l'époque où la butte Montmartre proprement dite, a commencé à se garnir de moulins et à fournir son plâtre aux constructions parisiennes. Toutefois, un poète latin qui écrivait vers la fin du XVIe siècle, a composé une description de Paris qui n'est pas sans mérite (1). Il a fait, dans son poème, l'éloge suivant de notre montagne, dans lequel le plâtre tient la plus grande place. On ne sera pas fâché de le lire ici :

> Cœsi ubi sunt comites Dyonisii in monte supremo,
> Vicus adhuc, Christi de testibus ille vocatus.
> Hic lapis eruitur, coquiturque fossile gypsum,
> Apta frequensque adeo domibus structura, tenaxque
> Tota sit ut niveis, gypsata Lutetia textis.
> Hinc ignes raros, nec crebra incendia sentit,
> Materia flammas gelida prohibente rapaces.
> Rhetica cristallum gignunt juga, frigore longo,
> Per multos duratum hyemes; Germania cuprum,
> Dant ferrum Chalybes, marmor scapulosa Pyrenne
> Viscereas telluris opes, quas rarior usus
> Assuetas minus esse facit. Sed divite venâ
> Crescit inexhaustum gypsum commune fodinis,
> Materia in formas varie mutabilis omnes
> Mixto humore fluens, sed contractura rigorem
> Protinus, artificis geniumque manumque periti
> Cera velut sequitur, simulacra emblemata et omne
> Quod jubet esse faber, fit gypsum atque induit ora,
> Quod vertumus, honos nec secto a marmore dispar
> Ni quod mollius est, longisque caducius annis.

que nous traduisons :

« Là où les compagnons de saint Denis furent mis à mort, sur le sommet d'une montagne, existe encore un village qui prend son nom du

(1) Lutetia, Rodolphi Boterei. Paris, chez Rollin, 1622.

martyre de ces amis du Christ. C'est de ce lieu qu'on tire la pierre, et là même qu'on cuit le plâtre si utile et si souvent employé dans la construction de nos maisons, que par l'éclatante blancheur dont il les revêt; Paris semble une ville de plâtre. C'est au constant usage de cette matière froide et qui brave les atteintes de la flamme que notre cité doit sa tranquillité contre les accidens du feu et n'éprouve que de rares incendies.

» Les montagnes de la Bohême enfantent, après de nombreux hivers, le cristal durci dans leur sein; la Germanie nous donne le cuivre; les plaines d'Espagne nous fournissent l'acier; du flanc des Pyrénées nous arrachons le marbre.

» Toutes ces richesses de la terre sont d'un plus rare emploi et moins communs que notre modeste plâtre, dont la riche veine croît sans cesse dans une carrière inépuisable.

» Le plâtre ! cette substance qui prend toutes les formes, qui, mêlé avec l'eau, se liquifie et bientôt se durcissant, se prête à toutes les inventions, à tous les caprices du génie, et comme une cire molle et complaisante, devient sous la main de l'habile ouvrier tout ce qu'il lui plaît d'en faire, soit ornement, soit relief ou statue; et à qui il ne manque pour égaler le marbre, qu'un peu plus de dureté et de solidité. »

Nous ne pouvions pas omettre ce passage tout

en l'honneur du plâtre. Il sera neuf, nous le pensons, pour la plus grande partie de nos lecteurs.

Depuis long-temps Paris voyait paisiblement tourner les moulins de Montmartre, et chaque jour pour accroître le nombre de ses maisons, recevait des centaines de voitures de ce plâtre arraché aux entrailles de la colline, lorsqu'en 1590, Henri IV, à la veille de se rendre maître de la grand'ville, voulut en faire le blocus. Il vint camper vers notre montagne, et y plaça ses batteries sur une terrasse qui dominait Paris.

Il vint lui-même loger au monastère et s'y établit dans l'appartement de l'abbesse, qui avait fui avec les plus jeunes religieuses. Les anciennes restèrent seules pour faire au Béarnais et à son état-major les honneurs du lieu.

Essayons de détruire ou tout au moins d'infirmer les calomnies avancées sans preuves réelles à l'occasion du séjour d'Henri IV et de ses ses officiers dans l'abbaye de Montmartre.

Il est bien possible, et nous ne nions pas que de graves excès aient eu lieu, mais la haine des impies, d'une part, contre les religieuses, et, de l'autre, celle des catholiques contre les huguenots, ont dû singulièrement exagérer les choses. Cette haine, dit Sauval, était telle chez les Montmartrois, qu'ils n'ont jamais pu souffrir qu'un huguenot s'établît sur leur territoire, et qu'aucun, ajoute-t-il, quand force a été de l'y tolérer, n'a pu s'y maintenir sans se ruiner, à moins qu'il ne se convertît. » Ce même Sauval qui, dans ses *Amours des rois de France*, use de bien peu de discrétion et laisse, sans plus de respect pour la mémoire de nos princes que pour la pudeur de ses lecteurs, échapper de sa plume des assertions que je me contenterai de qualifier hardies, eh bien! Sauval, si affirmatif dans toutes ses assertions lorsqu'il s'agit de l'abbaye de Montmartre et de Henri IV, ailleurs que dans le pamphlet que nous avons cité, ne donne les faits que sous la douteuse et suspecte garantie d'un on dit. Voici ses propres paroles : « Le couvent ne fut guère mieux conservé que les religieuses; et le roi, *dit-on*, se trouva si bien avec l'abbesse qu'autant de fois qu'il parlait de ce couvent, il l'appelait son monastère, et disait qu'il en avait été religieux. » Sauval n'en dit pas davantage.

Dulaure, écrivain très partial, animé d'une haine implacable contre les rois et d'une aversion satanique pour les monastères, verse son fiel sur l'abbaye, et sans preuves aggrave les faits; toutefois il blâme dans cette circonstance Pignaniol de la Force d'avoir imputé à Marie de Beauvilliers des actes dont elle ne pouvait être coupable, puisqu'elle ne vint à Montmartre qu'en 1598, c'est-à-dire plusieurs années après le séjour qu'y fit Henri IV. C'est assez, maintenant, nous étendre sur ce point ; nous y reviendrons au chapitre de l'abbaye.

Le dimanche 25 juillet 1593, Henri IV, après avoir fait solennellement son abjuration dans l'église de Saint-Denis, monta à cheval et vint à Montmartre rendre grâce à Dieu de sa conversion sur le tombeau des saints Martyres, apôtres de la France (1), et le soir il fit faire un grand feu de joie sur la montagne, en réjouissance de la victoire qu'il avait remportée sur tous ses ennemis. Il existe encore à Montmartre un pavillon qui porte le nom du bon roi ; la tradition veut qu'il y ait habité, il est situé auprès et derrière la place de Tertre.

Beaucoup d'années s'écouleront maintenant avant que la paix de la montagne soit troublée. Nous ne verrons plus que les processions continuer de venir à Montmartre. Malgré la longueur de la distance, tous les ans, suivant un usage qui peut-être datait du VI° siècle, l'église cathédrale de Paris y faisait station le lundi des Rogations. Ce n'était pas la seule que le chapitre de Notre-Dame y vînt faire dans l'année, puisqu'on trouve dans ses archives et dans le missel que le vendredi de la semaine de la Passion il montait à Sainte-

---

(1) Fleury, hist. de l'Eglise, liv. 180, art. 65.

Marie-du-Mont-des-Martyrs. *Statio ad sanctam Mariam in monte martyrum*. Le chapitre de Saint-Germain-l'Auxerrois, jusqu'à sa réunion à celui de Notre-Dame (1744), conserva l'habitude d'aller chaque année processionellement à Montmartre, un des jours des Rogations. Tous les sept ans, par suite d'une fondation à perpétuité du roi Dagobert, premier du nom, qui avait une grande dévotion pour l'apôtre des Gaules, les religieux de Saint-Denis, accompagnés de leur clergé, de leurs officiers, et portant les reliques de leur abbaye, venaient l'une des fêtes de Pâques ou de la Pentecôte faire station à Montmartre, considéré comme lieu du supplice de ce saint évêque de Paris. Cet usage subsista jusqu'en 1616. A cette époque, la procession pour l'avenir fut transférée et fixée au 1er mai, et continua d'être septennale jusqu'en 1793. Saint-Foix prétend que le 1er mai n'était pas irrévocablement fixe, et que la procession a été quelquefois différée pour cause de mauvais temps ou pour raison de bienséance.

C'est donc à tort que le peuple croit qu'il fallait indispensablement que les moines de Saint-Denis allassent ce jour-là à Montmartre, et qu'on fait dire à une abbesse qu'en cas de pluie ils ont sept ans pour se sécher. Cette procession toutefois était regardée comme un acte très important. Le chef de saint Denis qu'on y portait était présenté aux religieuses, qui toutes venaient baiser la relique pendant qu'on chantait le *Te Deum*. Procès-verbal de la cérémonie était rédigé et signé sur-le-champ. Plusieurs fois on a publié des relations de cette remarquable procession, qui attirait tant dans la plaine Saint-Denis que sur Montmartre une multitude immense de curieux.

La fronde, qui bouleversa Paris pendant plusieurs années, procura une journée d'effroi aux tranquilles habitans de Montmartre. Le prince de Condé était campé à Saint-Cloud; se voyant près d'être serré par le maréchal de la Ferté qui venait soutenir Turenne, il quitta à la hâte ses retranchemens pour se porter vers Charenton. Or donc, le 1er juillet 1652, il traversa avec toute son armée la butte Montmartre, et suivit en dehors Paris toute la campagne jusqu'au faubourg Saint-Antoine. Là, rencontrant Turenne, ils se battirent avec acharnement. Cette mémorable rencontre, qui termina la fronde, a gardé le nom de combat du faubourg Saint-Antoine.

Cent trente-sept ans vont s'écouler avant que le fracas des armes retentisse sur notre colline, dont, jusqu'à présent, nous n'avons donné aucune description qui puisse en faire connaître l'aspect. Nous allons réparer cette omission, et, en peu de mots, représenter au lecteur ce qu'était à peu près Montmartre dans les temps dont nous avons fouillé les annales. Nous le mettrons, par ce moyen, à portée de comprendre les transformations que va bientôt subir l'ensemble des constructions existant sur la butte.

Qu'on se figure donc une colline dont le sommet est occupé par une grande église autour de laquelle sont groupés les bâtimens et dépendances d'un vaste monastère. Un chemin escarpé serpente sur le flanc méridional, à travers des vignes, et conduit à l'église en même temps qu'au couvent ; à droite de ce chemin, et à mi-côte sud-est, au milieu du vignoble, existe la chapelle du martyre avec un prieuré. Dans une zône supérieure règne la terrasse dont nous avons parlé et non loin de là se voient les vestiges d'une vieille chapelle dédiée jadis sous le vocable de Saint-Benoît. Une dizaine de moulins à vent sont plantés çà et là sur les coteaux ; une grande tour, servant de colombier, s'élève au bas de la colline vers le couchant ; à différentes places, sur toute la montagne, des excavations sont pratiquées pour l'exploitation du plâtre. Dans les intervalles que laissent ces diverses dispositions, les habitans ont construit leurs petites habitations et clos leurs héritages.

C'est sous l'aspect que nous venons de tracer que, depuis long-temps, du côté de Paris, se présentait la butte Montmartre, à laquelle le citadin parvenait après avoir traversé les plaines en culture qui couvraient toute la superficie occupée par l'espace entre les boulevarts et la butte. Dans des temps plus reculés, cet espace s'étendait jusque vers les rues Saint-Sauveur, des Fossés-Montmartre et même des Petits-Champs.

Tout ce que nous avons rapporté de l'abbaye s'est passé dans les bâtimens qui jadis avoisinaient l'église, encore existante de nos jours sur le sommet, et dont nous avons mentionné la consécration.

Ces bâtimens, qui dataient de loin (1134), avaient beaucoup souffert dans un incendie (1559) dont nous parlerons au chapitre de l'abbaye. Le déplorable état des finances avait toujours empêché les abbesses d'y faire autre chose que les réparations urgentes. Ils étaient enfin arrivés à un état de délabrement tel, qu'ils tombaient en ruine et qu'il était impossible d'habiter la plus grande partie des logemens. La communauté, à raison de cela, fut obligée de se partager en deux; des religieuses logeaient dans les lieux encore habitables du monastère du haut de la montagne, pendant que d'autres habitaient au prieuré du Martyre, qui, quoique renfermé dans l'enclos des dépendances de l'abbaye, était situé au bas du coteau, à plus de six cents pas de la grande habitation ; ces dernières religieuses avaient beaucoup de peine à gravir plusieurs fois chaque jour une pente si rapide et si longue, pour aller réciter les offices avec leurs sœurs du haut de la butte ; elles étaient d'ailleurs exposées à toutes les injures du temps.

Pour obvier à ces désagrémens, madame de Guise, leur abbesse, qui était fort riche, fit construire à ses frais (1644) une longue galerie couverte, éclairée d'espace en espace par un vitrage et entrecoupée par des degrés d'escalier facilitant la montée. Une vieille gravure de l'époque, que nous avons examinée dans le cabinet de M. Bouardot, montre une vue détaillée de Montmartre avec cette galerie entre les deux communautés. Nous indiquons la place qu'elle occupait en désignant une ligne qui, partant de la deuxième station du Calvaire, descendrait directement au milieu de cet espace immense, dont le remblai s'exécute en ce moment, pour arriver entre la chaussée des Martyrs et la petite rue Royale qui fait face à la barrière Pigale ; c'est dans cette ligne, à la hauteur de la mairie, que jadis existait la chapelle du Martyre.

Bientôt la munificence de Louis XIV éleva près de cette chapelle un nouveau monastère, et celui du haut de la montagne fut démoli pour faire place à des maisons particulières. On conserva

2.

seulement quelques portions des bâtimens, entre autres le pressoir, des granges et la maison du bailliage, dont il reste encore des vestiges aujourd'hui au bout de la rue du Pressoir, tout près du calvaire.

La grande église fut maintenue comme paroisse, et la partie réservée n'en demeura pas moins à la disposition des religieuses, quoiqu'elles eussent, dans leur nouveau bâtiment, une fort jolie chapelle, richement ornée.

Souvent elles venaient prier dans l'ancienne église : la galerie couverte fut conservée pour leur en laisser la facilité. Une grande grille placée où est aujourd'hui le maître-autel séparait la paroisse proprement dite de ce qu'on appelait et qu'on appelle encore le Chœur-des-Dames.

C'est sous le pavé de ce chœur qu'on donnait la sépulture aux abbesses : plusieurs mausolées de ces dames y restèrent jusqu'en 1793. Le plus remarquable était celui de la reine Adélaïde, que Marie de Beauvilliers fit transporter de l'intérieur du couvent au pied du maître-autel, et sur lequel elle fit graver ce qui suit :

> Ici est le tombeau de très illustre et très pieuse princesse madame Adelaïs de Savoie, reine de France, femme de Louis, dit le Gros, mère de Louis VII, dit le Jeune, et fille à Humbert II, comte de Savoie, et de Gisle de Bourgogne, sœur du pape Calixte II.

Puis les vers suivans :

Ci git madame Alix, qui de France fut reine,
Femme du roi Louis sixième, dit le Gros :
Son âme vit au ciel ; et son corps en repos,
Attend dans ce tombeau la gloire souveraine.
Sa beauté, ses vertus la rendirent aimable
Au prince son époux, comme à tous ses sujets ;
Mais Montmartre fut l'un de ses plus doux objets.
Pour y vivre et trouver une mort délectable,
Un exemple de grand, ô passant te convie
D'imiter le mépris qu'elle fit des grandeurs,
Comme elle, sèvre-toi des plaisirs de la vie,
Si tu veux, des élus, posséder les splendeurs.

Le couvent bâti sous Louis XIV occupait le grand terrain en remblai dont nous avons parlé plus haut ; son étendue embrassait l'espace compris entre le chemin de Paris et un mur de clôture existant encore sur la butte, près de l'enclos du Calvaire. Il ne reste plus maintenant de ce nouveau monastère que le mur que nous venons d'indiquer et quelques vieux pans de clôture bordant la route, plus la porte d'entrée tout proche la mairie, et un bâtiment non loin de cette porte.

Ce couvent et nombre de constructions qui s'élevèrent sur des terrains voisins récemment aliénés, changèrent grandement l'aspect de la butte. Une grande partie se couvrit de maisons et de jardins clos ; en même temps les chemins, depuis ce que nous appelons le faubourg jusqu'à l'endroit où est maintenant la barrière, se bordèrent *extrà muros*, par rapport à Paris, de nombreux cabarets qui, désignés en masse sous le nom de *Porcherons*, furent, pour les buveurs des XVIIᵉ et XVIIIᵉ siècles, ce que, pour ceux du nôtre, sont la barrière de la Courtille et celle du Maine.

En 1736, l'Académie des sciences, par ordre de Louis XV, fit élever sur Montmartre un obélisque dont l'inscription gravée sur la face méridionale, indiquait la destination. Le temps et les dégradations des passans l'ont rendue illisible. Nous la donnons ici telle qu'on la lisait à l'origine.

> L'an 1736, cet obélisque a été élevé par ordre du roi pour servir d'alignement à la méridienne de Paris du côté du nord. Son axe est de 2,931 toises 2 pieds de la face méridionale de l'Observatoire.

Du côté du midi, partant du même axe, l'horizon se termine au village de Lhay. L'obélisque de Montmartre est un des quatre-vingt seize qu'on avait résolu d'élever d'espace en espace, depuis Dunkerque jusqu'au Canigou; ce projet n'a pas eu son entière exécution. Cette ligne idéale qu'on devait figurer physiquement, n'en a pas moins servi de base aux immenses travaux de la carte générale de France levée suivant les opérations trigonométriques, après la formation des principaux triangles et la réduction des degrés en toises.

Les opérations pour déterminer la ligne méridienne depuis l'Observatoire jusqu'à l'extrémité septentrionale ont été commencées sous Louis XIV. Interrompues alors, elles furent reprises sous la minorité de Louis XV par MM. Cassini fils, Maraldi et de Lahyre fils; interrompues de nouveau, toutes ces opérations n'ont été terminées que de nos jours, lorsque, d'après une loi du 18 germinal an III, on voulut arrêter les points fondamentaux du système métrique pour les poids et mesures.

Il résulte, en définitive, de tous ces travaux, que le quart du méridien donne un arc de 5,132,430 toises dont la dix millionième partie forme notre mètre, soit 3 pieds 11 lignes 44 centièmes.

L'incurie de l'administration a laissé ce petit monument tomber en ruine. Environné de sales masures à peine est-il resté trouvable. En 1840, sa pointe a été surmontée d'un fer de lance qui remplace le globe qu'on y voyait autrefois.

A quelques pas de l'obélisque, en descendant vers la plaine, et au-delà du cimetière particulier de la commune (ouvert au 1er janvier 1831 par les soins de M. Bazin, alors maire de Montmartre, et béni par M. Ottin, curé actuel), dans un site assez gracieux qu'abritait autrefois le salutaire ombrage d'un petit bois, maintenant sous un ciel à peu près nu, on trouve la fontaine du

Buc. La margelle de cette fontaine est faite avec une grande pierre tombale, provenant de la sépulture d'une abbesse ; son effigie s'y voit encore ; l'abbesse y est sculptée en pied, parée de ses grands ornemens et la crosse à la main. Il serait à désirer que ce reste d'un monument du moyen-âge fût retiré de la place qu'il occupe pour être conservé dans un lieu plus convenable et d'une manière ostensible qui permette de déchiffrer l'inscription gothique qui l'environne.

Plus loin, en tournant vers Clignancourt, il existe une autre fontaine, appelée Fontaine-Saint-Denis ; c'est là, dans cet endroit, jadis caché entre des touffes de verdure et tout propice au recueillement et à la méditation, qu'après avoir dévotement prié dans la chapelle du Martyre, le pieux baron de Renty, si célèbre au XVIIe siècle pour ses bonnes œuvres, venait s'asseoir et prendre solitairement son repas frugal chaque fois qu'il faisait un pélerinage à Montmartre.

Les vestiges que de son temps Sauval a pris pour ceux d'un temple payen, et que l'abbé Lebeuf, démentant cet historien, qu'il accuse de ne pas se connaître en bâtisse romaine, prit lui-même, lorsqu'il suivait les fouilles qu'on faisait sur Montmartre en 1737 et 1738, pour des restes de bains ont été déclarés par M. de Caylus (1759) être ceux d'une fonderie. Peu nous importe, bains ou fonderie; ce qu'il y a de certain, c'est qu'à mi-côte du versant septentrional, au couchant de Clignancourt et près de la fontaine St-Denis, on a trouvé des fondations de murailles offrant un carré long partagé en diverses chambres et compartimens solidement cimentés. Dans quelques-uns il existait de véritables fourneaux. En continuant ces fouilles entreprises dans la persuasion qu'on devait trouver là de riches trésors, on a découvert des fragmens de bas-relief en marbre blanc, représentant deux génies conduisant un char; un vase de terre cuite d'un travail assez grossier; une tête en bronze de grandeur naturelle, et un bras aussi en bronze, dont les grandes proportions feraient penser qu'il provient d'une statue de 8 à 9 pieds de haut.

Dans Paris, on fit grand bruit de cette découverte. Elle éveilla tout-à-coup la curiosité du peuple. Un plaisant s'empara du texte qu'elle fournissait et fit une brochure scientifique qui grossit singulièrement les faits. Il mystifia la foule, qui pendant plusieurs semaines se porta sur les lieux avec empressement. L'effet que ce plaisant produisit sur la masse des esprits s'est perpétué chez plusieurs habitans de Montmartre, et, aujourd'hui même, quelques-uns nous ont dit que, s'ils étaient assez riches pour entreprendre

— 52 —

les recherches qu'il faudrait faire dans plusieurs endroits de la butte, ils trouveraient certainement des trésors précieux.

Est-ce à cette persuasion de trésors cachés qu'on doit les fouilles faites par ordre de la police en **1779** et dont parle Dulaure dans ses *Environs de Paris?* Rapportons ce que dit cet historien, sans garantir l'exactitude du fait qu'il raconte. « On trouva entre Belleville et Montmartre une pierre avec des caractères gravés que l'on crut digne de l'examen de MM. de l'Académie des inscriptions et belles-lettres. Elle leur fut apportée à grands frais ; les commissaires nommés pour l'explication se sont donné beaucoup de peine afin de rendre les lettres lisibles. Les voici dans l'ordre de leur arrangement :

```
     J                              C
           J
           L
           E
  C                                 H
      E        M
                  I   N
        D          E
   S    A     N    E    S.
```

Mais quand il fallut rechercher dans quelle langue étaient écrits ces caractères, et ce qu'ils signifiaient, les académiciens furent fort en peine ; on eut recours au savant auteur du *Monde primitif*, qui confessa qu'il n'y pouvait rien comprendre.

» Le bedeau de Montmartre, apprenant le cas, se présenta pour l'éclaircir, et, sans doute instruit de l'existence antérieure de la pierre, il rassembla simplement les caractères et en forma les mots suivans :

» Ici le chemin des ânes. »

Nous le répétons, nous ne garantissons pas l'exactitude du récit de Dulaure.

Nous ignorons ce qu'il résulterait de recherches entreprises dans le sol de Montmartre, dont la butte est d'ailleurs profondément exploitée de toutes parts. Mais de toutes les constructions antiques dont nous avons parlé plus haut, il ne reste plus aujourd'hui qu'un pan de mur qui s'élève environ à deux mètres de terre. On le voit dans une pièce de vigne, à quelques pas à droite de la fontaine du Buc, en descendant la route qui mène à Saint-Denis.

Bientôt peut-être ce vestige disparaîtra à la volonté du propriétaire, qui, il y a quelques années, en remuant son champ, après avoir démoli un pan de mur pareil à celui qui reste, retira une trentaine de mètres de matériaux provenant d'un reste de bâtisse analogue à ce pan de muraille.

Quoique Montmartre possedât une grande superficie de terrain, et que nous ayons dit qu'il s'était considérablement augmenté vers le commencement du dernier siècle, ce n'était pourtant alors qu'un pays bien peu peuplé. Suivant un dénombrement imprimé en 1709 il est compté pour 440 feux. Le Dictionnaire universel de la France en 1726, n'y compte cependant que mille habitans, ce qui ne donnerait pas beaucoup plus de deux habitans par feu. L'abbé Lebeuf parle d'un dénombrement qui a paru en 1745, et qui ne porte la paroisse de Montmartre que pour 223 feux. Evidemment, le peu de régularité de ces statistiques prouve qu'elles sont fautives, mais elles annoncent une population peu considérable Le Dictionnaire topographique des environs de Paris en 1817, compte 2,000 habitans, en y comprenant ceux de Clignancourt et de la Nouvelle-France. Nous pouvons affirmer qu'aujourd'hui (1842) Montmartre compte près de dix mille âmes.

Cependant Paris, au milieu du XVIII° siècle, prenait de grands accroissemens vers le nord. Des groupes de maisons s'élevaient dans les immenses cultures et dépendances de Montmartre. De nouveaux quartiers, qui devaient cent ans après être les plus beaux de Paris, se dessinaient et s'alignaient dans les terrains au bas de la butte, qui a son tour sera envahie jusqu'à mi-côte, et verra sur les domaines même de l'abbaye tracer et bâtir des rues rappelant les noms des grandes dames qui l'ont gouvernée, en indiquant l'antique existence de quelque propriété de leur seigneurie (1). Bientôt enfin les efforts excentriques de la population parisienne repousseront la clôture de la ville jusqu'au pied des murs du monastère, qui par cette sorte de contiguité, perdra tout son aspect pittoresque.

En 1782, Louis XVI chargea les fermiers-généraux de faire construire un mur autour de la ville, c'est celui qui existe encore aujourd'hui.

Cette *enceinte continue* excita alors les plaintes de la grande cité, qui jusque-là avait joui d'un libre accès. Les esprits légers censurèrent cette mesure par des bons mots et le vers suivant :

Le *mur murant* Paris, rend Paris *murmurant*,

circula bientôt de tous côtés.

L'architecte Ledoux, homme d'un génie très inventif, donna le plan des édifices qui devaient garder chaque ouverture pratiquée pour le passage des habitans, ou l'introduction réciproque des consommations. Dans la partie de l'immense périmètre de Paris occupant l'ancien territoire de Montmartre, six de ces ouvertures ont été disposées et fermées par des barrières protégées cha-

(1) Ce sont les rues Rochechouart, de Bellefond, de Larochefoucauld, de La Tour d'Auvergne, de Laval, de La Tour des Dames; sur le terrain de cette dernière existait jadis le colombier de l'abbaye.

cune par un double pavillon monumental, ce sont celles dites de Clichy, Blanche, Montmartre, des Martyrs, Rochechouart, Poissonnière ou du Télégraphe. Elles forment entre elles une large patte d'oie, dont le point central part du boulevart qui porte aussi le nom de Montmartre.

Depuis quelques années avant la révolution (vers 1786), il existait à Montmartre une compagnie d'archers bien organisés. Ils portaient un uniforme bleu avec revers rouges, et s'assemblaient certains jours marqués, pour tirer de l'arc. Ces jours étaient des fêtes que donnait l'abbaye. Elles avaient lieu dans l'enceinte même du couvent, sur une terrasse où l'on plantait un grand mât pour placer l'oiseau. Partie de ces archers étaient de Montmartre, et partie venaient de Paris comme aggrégés. Les vieillards se rappellent encore les exercices de cette compagnie, dont l'existence finit avec beaucoup d'autres choses vers la même époque. Il existe encore quelques vestiges de cette société à la Chapelle-Saint-Denis.

Ils se rappellent aussi le dernier acte de justice seigneuriale, dont Montmartre fut témoin, et qui date à peu près du même temps. Un criminel fut alors pendu sur la place de l'église, pour perpétration d'un fait ressortant de la justice de l'abbaye.

Le mercredi 15 juillet 1789, lendemain de la prise de la Bastille, les vainqueurs parisiens, craignant une réaction de la part de la cour et redoutant d'ailleurs le voisinage des troupes campées alors à Saint-Denis, firent dans l'après-midi, monter avec précipitation, plusieurs pièces d'artillerie sur la butte pour défendre l'approche de Paris par ce côté. Cette précaution fut inutile, mais elle causa beaucoup d'effroi aux habitans de Montmartre, et comme toutes les émeutes passées, présentes et futures, la perte d'une journée de travail à la population ouvrière de Paris, qui ne manqua pas de se porter en masse sur la butte.

Une année se passa sans que Montmartre fût le théâtre d'aucun événement remarquable; mais bientôt, par suite du décret de l'assemblée nationale (13 février 1790), l'abbaye fut supprimée. Quelques mois après, les bâtimens, l'église et tout le domaine de cet antique monastère, en vertu d'un autre décret, considérés comme biens nationaux, furent mis à la disposition de l'état.

En 1792, les religieuses furent expulsées au mois d'août. Dès le lendemain de leur départ, leurs logemens furent convertis en caserne provisoire, et servirent de dépôt pour quelques corps de troupes et de volontaires.

Pendant plusieurs jours, une vente de tous les

effets composant le mobilier du couvent se fit par ordre du gouvernement, qui ne tarda pas à vendre le domaine tout entier du monastère.

Cette riche propriété fut divisée en trois lots, Les bâtimens furent achetés par un plâtrier du pays, qui s'empressa de les démolir pour fouiller le sol et en tirer du plâtre. Cet homme, malgré ses grandes entreprises et un nom qui présageait la prospérité, a fini misérablement ses jours à l'hospice de Bicêtre.

Ceux qui achetèrent les terrains furent plus heureux, et le nom d'un de ces hommes passera à la postérité; il désigne le petit village qui se trouve aujourd'hui au bas de la butte.

Pendant les jours de la terreur, Montmartre fut épouvanté par quelques scènes de vandalisme. Après que les lois révolutionnaires eurent interdit l'exercice du culte catholique (décret de la Convention du 7 novembre 1793), son église fut pillée, les tombeaux des abbesses profanés, les images des saints mutilées. La sauvage impiété poussa plus loin ses épouvantables excès. Après avoir, dans une procession sacrilége, porté dérisoirement en triomphe les vases sacrés du sanctuaire, des mauvais sujets entassèrent sur la place publique une grande partie du mobilier de l'église, bancs, chaises, confessionnaux, tout fut disposé en bûcher et incendié. Quelques riches ornemens furent aussi jetés dans les flammes. La grande bannière sur laquelle Saint-Pierre et Saint-Denis étaient représentés en broderie, fut la proie du feu, au grand regret de la population honnête et fidèle, terrifiée par une poignée de bandits, commettant toutes ces horreurs avec une joie frénétique et féroce. La providence vint tout-à-coup effrayer à son tour ces forcenés par un fait que tous les habitans ont vu et qu'ils nous ont attesté. Un jeune homme, de la commune, plus furieux que les autres, s'approcha du bûcher brandissant un grand sabre et vociférant des blasphêmes. Il voulut, dans sa rage, en décharger un violent coup sur le guidon de la sainte Vierge, qu'un autre allait jeter dans le feu. Mais le sabre se brisa et la lame vola en deux morceaux. A la vue de cet incident qu'aucune cause humaine ne pouvait expliquer, la foule fut saisie d'étonnement; les incendiaires eux-mêmes, glacés d'effroi, se dispersèrent.

Le misérable dont la main de Dieu venait de paralyser la fureur était, ainsi que sa famille, depuis longues années, soutenu par les bienfaits de l'abbesse et de la paroisse. Aussi devint-il depuis ce temps, plus que tous ses autres complices, l'objet du mépris et de la réprobation générale.

Pendant les jours révolutionnaires, l'église fut

tour à tour convertie en halle, en magasin, en lieu de réunion pour les fêtes patriotiques, et en salle d'assemblée pour les délibérations et élections populaires du district.

Montmartre, en ces jours de triste mémoire, perdit même son nom; il fut condamné à porter celui de l'infâme rédacteur de l'*Ami du peuple*. Un indicateur légal des rues de Paris, imprimé chez Janet pour l'an III de la république, nous apprend que la rue Montmartre et la butte sont et seront désormais appelées MONT-MARAT. Le peuple ne put se soumettre à ce changement, et l'ancien nom ne put jamais faire place au nouveau. Bientôt le souverain s'aperçut que, comme dit Labruyère quelque part, « vous pouvez aujourd'hui ôter à cette ville ses franchises, ses droits, ses priviléges; mais demain ne songez pas à réformer ses enseignes. »

La Convention nationale, par un décret du 26 juillet 1793, ordonna l'établissement des télégraphes, moyen nouveau de correspondance, inventé par l'abbé Chappe. Il était impossible qu'un point aussi favorable que la butte Montmartre ne fût pas choisi pour intermédiaire de communication. Aussi le télégraphe que nous voyons encore aujourd'hui sur le chevet de l'église fut-il un des premiers établis. Il date de 1795, et correspond avec Lille.

L'érection de ce télégraphe a privé la commune de la jouissance de cette partie orientale de l'église qu'on nomme abside, et sous laquelle est ce qu'on appelait le chœur des Dames. C'est aussi la partie intérieure de l'édifice qui a le plus souffert dans les jours de profanations, à cause du nombre de tombes qu'elle renfermait et qui furent indignement bouleversées.

Après deux années de cessation de tout culte, une voix éloquente, Lanjuinais (rapport du 30 mai 1795), obtint enfin l'autorisation de célébrer les exercices du culte dans les édifices qui lui étaient originairement consacrés. Les habitans de Montmartre rappelèrent alors leur ancien pasteur, qui avait été curé constitutionnel de la petite chapelle de Notre-Dame-de-Lorette. L'église sortit de ces ruines et fut rendue au culte.

A cette même époque, les jardins de l'abbaye, appropriés à de profanes usages, s'ouvrirent à des établissemens de plaisir et de rendez-vous. Les échos de la montagne, qui n'avaient jamais répété que les chants de la prière, répétèrent quelque temps les refrains des buveurs, et bientôt retentirent au bruit de l'orchestre d'un bal public.

En septembre 1798, sous le Directoire, l'administration municipale, sur l'emplacement d'anciennes carrières à plâtre, fit ouvrir entre la barrière Blanche et celle de Clichy, hors des murs de la ville, un cimetière destiné à la sépulture des habitans des quartiers du Nord de Paris. Ce cimetière s'appela d'abord Champ-du-Repos; on le nomme maintenant cimetière du Nord ou cimetière Montmartre. Il a remplacé un autre cimetière que la convention avait ouvert, depuis quelques années, dans la plaine de Clichy, et où plusieurs de ses membres furent inhumés. Le chemin de fer passe aujourd'hui sur cet ancien séjour des morts. Le cimetière du Nord occupe une superficie de plus de quarante arpens et prend tous les jours de nouveaux accroissemens.

En 1804, un fidèle serviteur de nos anciens rois, M. Micault de la Vieuville, fonda au pied de la butte, tout près de la barrière des Martyrs', l'établissement connu sous le nom d'asile royal de la Providence. Là, soixante vieillards des deux sexes sont logés convenablement et soignés avec un charitable dévouement par des sœurs hospitalières. Un médecin et un aumônier sont attachés à cette maison, qui se soutient par les dons de la famille royale et avec le produit d'une cotisation volontaire, offerte par des personnes bienfaisantes, souscrivant chacune pour 20 fr. par an. L'administration de ce généreux établissement est dirigée par un conseil indépendant de celui des hospices, et composé de vieux et loyaux serviteurs de la monarchie.

En 1808, Napoléon vint visiter le télégraphe et l'église de Montmartre. Il s'entretint assez longtemps avec le curé, M. Caire de Blazer, qui le reconduisit jusqu'au vieux chemin. Là, il fit remarquer au monarque combien cette antique voie était dangereuse pour les voitures, en ajoutant qu'il serait très avantageux à la commune qu'on pût en tracer une moins escarpée. L'empereur promit au bon curé que son vœu serait exaucé. Deux ans après cet entretien, le chemin neuf était livré à la circulation.

En 1814, Montmartre devint une position militaire et fut le théâtre de combats sanglans. Il fut pris et repris pendant les derniers jours de mars, tantôt par les alliés, tantôt par les Français. Le sol fut jonché de morts, plusieurs habitans furent tués, quelques-uns pillés. L'intervention de M. de Blazer auprès de l'état-major des troupes étrangères mit fin à des désordres qui auraient pu aller bien loin. Un escadron de dragons qu'on avait posté sur la butte pour protéger la retraite de nos troupes, y fut taillé en pièces après avoir vaillamment combattu pour défendre la place. Pendant plus d'un mois, Montmartre fut alors occupé par les Russes.

A peine sorti des alarmes, Montmartre y rentra bientôt : combien la commune n'eut-elle pas à souffrir pendant les *cent jours* ? La montagne fut en quelque sorte fortifiée ; la crète de la butte fut enceinte d'une palissade servant de rempart à une batterie de canon. Le général Desfourneaux y fut établi avec un corps d'armée vers la fin de juin 1815.

C'est à ce brave militaire que la commune et une partie des faubourgs du nord doivent leur conservation dans ces jours néfastes. Par son courage, son sang-froid et sa fermeté, il sut arrêter et comprimer une révolte parmi les soldats qui, se joignant à une horde de bandits, voulaient incendier la commune, les barrières, et les faubourgs voisins.

Avec la paix, Montmartre vit en peu de temps rétablir ses clôtures renversées et réparer tous les désastres suite de la guerre. Sa population s'accrut considérablement ; des établissemens industriels s'y formèrent et s'y maintinrent en prospérité ; les lieux de divertissement s'y multiplièrent. Enfin, vers 1822, l'acteur Séveste, qu'une extinction de voix avait forcé de quitter le théâtre du Vaudeville, à Paris, y construisit une salle de spectacle. Ce comédien avait obtenu, nous ne savons à quel titre, du gouvernement, le privilége d'établir plusieurs théâtres dans la banlieue.

Vers le même temps, les sépultures communes

furent interdites dans le cimetière contigu à l'église. On n'y conserva que le privilége des concessions antérieurement faites à perpétuité. Les inhumations de Montmartre eurent dès lors lieu dans le cimetière du Nord, en attendant l'acquisition d'un nouveau terrain *ad hoc*.

En 1830, rien de remarquable ne se passa à Montmartre. Le pays fut tranquille pendant les trois journées. Quelques arbres seulement furent abattus et jetés en travers des chemins. Le télégraphe fut protégé par un assez fort détachement de volontaires parisiens commandés par un ex-officier de l'empire, dont les habitans n'eurent qu'à se louer.

En 1830, la commune de Montmartre put faire l'acquisition d'un terrain assez considérable sur le versant septentrional de la butte, qu'on bénit et consacra à la sépulture des morts de la paroisse. Dix ans sont à peine passés depuis lors, et déjà l'enceinte de cet asile du repos est trop étroite.

Quelque chose de bien utile, l'eau manquait à Montmartre; la toute puissante industrie saura, de nos jours réaliser un projet que nos pères n'auraient osé concevoir. Oui, l'industrie saura faire arriver l'eau de la Seine à cent trente mètres au-dessus du niveau de cette rivière, et cet élément de première nécessité sera aussi abondant sur la butte que dans le bas de la vallée.

En 1834, une compagnie se forma dans le but de fournir de l'eau de Seine aux villages de la rive droite. Notre commune, où le besoin de cet élément se faisait sentir plus qu'ailleurs, fut bientôt appelée à jouir de ce précieux bienfait, et dès 1836 un réservoir élevé sur le point culminant de la butte à gauche du vieux chemin, construit en forme de petit monument octogone, assez joli, recevait suffisamment d'eau pour en fournir abondamment à toutes les exigences d'une nombreuse population.

Dans le temps qu'une compagnie particulière dotait Montmartre d'un château-d'eau, les habitans se faisaient construire une belle mairie sur l'ancienne place et tout près de la porte encore existante de l'abbaye. Cet édifice simple et d'un aspect sévère, surmonté d'une horloge, contient des classes pour les garçons et pour les filles, et une salle d'asile pour l'enfance.

Les profondes excavations pratiquées à diverses places dans le sein de la butte ont, à différentes époques, occasionné des éboulemens plus ou moins considérables, qui n'ont heureusement causé que de légers accidens. Le plus remarquable est celui du jardin, dit de l'Ermitage, au midi de la butte, et celui à l'est, qui fit écrouler le moulin de la Lancette. Ce moulin seigneurial, situé à l'est de la butte, appartenait autrefois à la famille Feutrier, qui habitait un petit château situé sur la chaussée qui va de la barrière Rochechouart à Clignancourt, et qu'on nomme le Château-Rouge. Dans ces terrains affaissés, derrière la mairie, on exécute en ce moment (1842) d'immenses remblais sur lesquels se tracent des alignemens pour la construction de nouvelles maisons. Par la suite, elles feront, avec le village Orsel, situé au bas de Montmartre, un quartier très important et au milieu duquel, avant peu, nous l'espérons, s'élèvera une chapelle rappelant le souvenir de celle du Martyre.

On peut présager que bientôt le sommet de la butte se liera avec Paris par des constructions nouvelles et des rues établies sur la pente de la montagne; que les moulins, dont le nombre diminue tous les jours, disparaîtront tout-à-fait; alors la vieille église, riche de ses souvenirs, complètement restaurée, dominera la grande cité dont elle marquera les limites; et le sommet de Montmartre, qu'un calvaire richement construit va embellir et sanctifier de nouveau, deviendra l'objet d'un pieux et continuel pélerinage, où les fidèles viendront satisfaire leur dévotion. Les curieux et les promeneurs eux-mêmes, attirés peut-être par l'intérêt des faits que nous avons racontés, voudront aussi visiter un lieu dont ils n'avaient jamais soupçonné l'importance et l'illustration historiques.

HISTOIRE

DE

L'ABBAYE DE MONTMARTRE.

Nous avons dit, dans notre histoire générale de Montmartre que, du consentement du seigneur de Montmorency, un nommé Vautier Payen, en 1096, avait cédé l'église et diverses dépendances au prieur de Saint-Martin-des-Champs. Si ce moine établit là un couvent de l'ordre de Cluny, cet établissement n'y demeura pas long-temps.

Le roi Louis VI, dit le Gros, et sa femme Adélaïde voulurent, par un mouvement de dévotion particulière, dont les chroniques ne donnent pas le motif, fonder un monastère de Bénédictines, sur Montmartre.

Pour accomplir ce religieux projet, ils portèrent leur vue sur la vieille église, la chapelle du martyre et les possessions qui en dépendaient. Afin de les obtenir du prieur de St-Martin, Louis-le-Gros négocia avec lui l'échange de l'église de Saint-Denis-de-la-Chartre (1) à Paris, dont il était collateur.

L'échange fut opéré, et deux actes réciproques, datés de 1134, que Dom Dubreul rapporte tout au long, en établissent les conditions que, deux ans après (1136), le pape Innocent II confirma par une bulle.

Indépendamment des lieux réguliers, tels que dortoir, réfectoire, cloître et chapitre, le roi fit rebâtir l'église et la chapelle du martyre (1134). Poussant plus loin sa libéralité envers sa nouvelle fondation, il dota la naissante abbaye de Montmartre, du village de Menus (2), près Saint-Cloud; de plusieurs autres biens situés dans les environs de Paris, et dans Paris même. Il y ajouta aussi quelques possessions dans Montmartre : entr'autres une grande maison, des boutiques, des étaux et la voierie du lieu.

Peu de temps après, la princesse Mathilde, fille d'Eustache, comte de Boulogne, et première femme d'Etienne, roi d'Angleterre, donna à la nouvelle abbaye cinq milliers de harengs, à prendre chaque année à Boulogne-sur-mer.

(1) Eglise qui existait au bas du pont Notre-Dame, vis-à-vis le quai aux Fleurs.
(2) Aujourd'hui Boulogne.

Les Bénédictines de Montmartre eurent pour première abbesse, une religieuse nommée ADÉLAÏDE, venant du couvent de Saint-Pierre-de-Reims. Une autre, appelée CHRISTINE de COURTEBRONNE, lui succéda en 1137, et était encore en titre lors de la consécration de l'église.

Il y a tout lieu de croire que la reine Adélaïde qui, après la mort de son second mari, le connétable de Montmorency, s'était retirée dans le couvent qu'elle avait fondé, et qu'elle édifia par l'aménité de son caractère et les charmes de sa tendre piété, en devint abbesse à la mort de Christine. Elle-même décéda en 1154, après avoir légué beaucoup de biens à son couvent. Elle y fut inhumée dans l'église, devant le grand autel, où sa dépouille mortelle demeura jusqu'en 1643; alors par les soins de Marie de Beauvilliers, elle fut transférée dans le chœur des Dames.

Louis-le-Jeune, fils d'Adélaïde, au retour d'un pèlerinage à Saint-Jacques, vint visiter la sépulture de sa pieuse mère, et confirmer toutes les donations qu'elle avait faites à l'abbaye.

Dans les pièces et titres qui nous ont été communiqués, nous n'avons rien trouvé sur les huit abbesses qui se succédèrent pendant les 126 années suivantes. Nous sommes donc réduits à n'indiquer que leurs noms et la date du décès de chacune.

Elisabeth	1179
Héloïse ou Helisende I	1218
Petronille	1239
Agnès I	1247
Emeline	1260
Héloïse ou Helisende II	1264
Mathilde de Frenoy	1270
Alips de Dou	1280

Une seule remarque est à faire sur l'administration d'Helisende I. Cette abbesse ayant considéré dans l'hiver de 1231 à quel froid excessif ses religieuses étaient exposées, dans un couvent situé, sans le moindre abri, sur le faîte d'une colline, permit que, durant la saison rigoureuse, elles portassent des bottes fourrées. Elle statua même pour que cette bienveillante mesure fût perpétuée, qu'il serait accordé chaque année, à la Toussaint, une somme de 3 sous à chacune des religieuses, pour s'en procurer.

L'abbaye de Montmartre, richement dotée par le roi et la reine ses fondateurs, vit bientôt accroître ses possessions, par de nouvelles donations auxquelles elle ajouta encore par ses propres achats.

Sous Adeline d'Ancilly ou d'Antilly, on voit dans les titres, que l'abbaye possédait (1290) plusieurs étaux ou pierres à vendre du poisson, près la porte de Paris (1).

Il serait trop long d'énumérer ici tous les biens de diverses espèces dont l'abbaye était propriétaire, dont elle était seigneur ou suzeraine, et sur lesquels elle exerçait une juridiction, ou dont elle tirait des revenus.

Ayant pour but dans notre travail, en même temps que nous faisons l'histoire de l'abbaye, de faire connaître l'esprit des temps anciens, l'état des choses et des lieux d'autrefois, et d'exposer, sans trop de superfluité ou de diffusion, tout ce qui peut servir directement ou indirectement à compléter l'histoire encore à faire avec exactitude, de Paris et de ses environs, nous nous contenterons de rappeler, sous le gouvernement de chaque abbesse, tous les faits ou particularités qui concourent, selon nous, au but que nous venons d'indiquer.

Ainsi l'abbesse ADELINE, pour encourager l'établissement d'une congrégation de veuves, dites BÉGUINES, qui se consacraient à l'instruction des enfans et aux soins des malades, donna, comme il se voit par lettres du 12 novembre 1294, moyennant une redevance annuelle de 28

(1) Cette porte était vers le grand Châtelet, à l'entrée de la rue Saint-Denis, où une petite rue conserve aujourd'hui encore le nom de Pierre-à-Poissons

sous de rente, et de 3 deniers de cens, deux maisons qu'elle possédait rue Saint-Merry, en s'en réservant toutefois la justice. Trois ans après, (1297) elle accepta pardevant l'official de Paris, d'Alix Lambine, veuve d'Adam Lecoux, marchand mercier, une rente annuelle de six sous, à prendre sur une maison située rue de la Corroierie, à la condition que sœur Françoise la Picarde jouirait de ladite rente sa vie durant. ADELINE mourut en 1300.

ADE DE MENCY lui succéda. Sous son administration, quelques donations dans le même genre de celle que nous venons de citer et avec de semblables conditions, furent faites à l'abbaye. Mais ce qui est particulièrement important dans dans les actes du temps de cette abbesse, c'est la nouvelle fondation de la chapelle du Saint-Martyre. Nous parlerons de cette circonstance dans un chapitre spécial. Ade mourut après avoir gouverné l'abbaye pendant 17 ans.

JEANNE DE REPENTI (1317) fut élue à sa place. Le premier acte de son administration, est un bail fait en 1129, à Etienne Haubergue et Hyacinthe, son épouse, bourgeois de Paris, d'une maison dite le Four ou le Fort des dames, située rue de la Heaumerie, à Paris, à charge de cent livres une fois payées, et de dix livres dix sous de rente annuelle.

Ce Fort des Dames était le lieu où elles

entendaient les plaidoiries, rendaient la justice, et où elles avaient leur prison. Nous ferons remarquer ici que l'abbaye de Montmartre, seigneur et *maître* de nombreux domaines, avait haute, moyenne et basse justice, et par conséquent un juge particulier, siégeant en son nom, et devant lequel comparaissaient tous ceux qui dépendaient de sa juridiction.

JEANNE DE REPENTI, à la sollicitation de plusieurs bourgeois de Paris qui avaient fait le pèlerinage de Notre-Dame de Boulogne-sur-mer, accorda environ cinq arpens de terre du village de Menus, pour qu'ils y construisissent une église semblable à celle de Boulogne.

Cette église, bâtie sous Philippe V, dit le Long (1320), existe encore aujourd'hui (1).

Jeanne obtint, cette même année, du pape Jean XXII, qui siégeait à Avignon, une indulgence perpétuelle d'un an, pour tous ceux qui visiteraient l'église de son abbaye, le jour de la fête de Saint-Denis, et quarante jours pourchacun des jours de l'octave.

Neuf ans après (1329), le même pape érigea en cure la nouvelle église de Boulogne-sur-Seine.

JEANNE DE REPENTI ne connut pas cette dernière faveur du souverain pontife, à qui elle

(1) C'est pour cela sans doute que le village de Menus prit le nom de Boulogne.

l'avait demandée, car elle mourut l'année précédente.

JEANNE II DE VALENGOMARD (1328) lui succéda. Nous voyons, par un accord passé entre elle et la grande confrérie de Paris (1), qu'il y avait sous Montmartre un terroir appelé des *Marais*. L'abbesse, moyennant une rente annelle de trente-six-sous, accorda à ladite confrérie la jouissance du droit de Dîme, sur neuf arpens de ce terroir (1330).

Elle accorda aussi sur les terrains que l'abbaye possédait au quartier Saint-Martin, vers la rue de la Pallée et l'hôtel de Clairvaux (2), l'emplacement nécessaire pour la construction de l'hôpital Saint-Julien-des-Ménétriers (3). Cela, moyennant réserve de la justice, et à la charge que les gouverneurs dudit hôpital paieraient chaque année à l'abbaye une rente annuelle de cent sous, et huit livres d'amendement dans six ans.

(1) Etablie l'an 1168 dans l'église de la Madeleine en la Cité, en l'honneur de N. S. et de la sainte Vierge. Elle se composa d'abord de 72 personnes : 36 prêtres et autant de laïques. Ce nombre fut augmenté jusqu'à 100, toujours par moitié. Les femmes n'y furent admises qu'en 1224. C'est la reine Blanche de Castille qui fut reçue la première.

(2) L'emplacement de cet hôtel est occupé aujourd'hui par l'impasse qui en a conservé le nom.

(3) Au coin de la rue qui porta ce nom jusqu'à nos et qui, prolongée et élargie maintenant, l'a changé en celui de *Rambuteau*.

On ne finirait pas, si sous chaque abbesse il fallait détailler tous les différends qui s'élevaient à propos de la jouissance des biens, soit de la part des tenanciers, soit de la part de l'abbaye, d'un côté, pour revendiquer des droits, de l'autre, pour s'en affranchir, ou pour les usurper. Cependant il serait impossible de passer tous ces faits sous silence. Nous indiquerons les plus importans: ils serviront à faire connaître l'esprit du temps.

Ainsi les confrères de Notre-Dame de Boulogne faisaient nombre de difficultés pour se soumettre aux droits de justice que l'abbaye s'était réservés sur leur église. Jeanne en exigea et obtint d'eux une reconnaissance formelle, et confirma, par lettres-patentes du 23 août 1345, la donation des cinq arpens, faite par sa devancière.

Les biens de l'abbaye étaient immenses, disséminés sur la montagne, dans Paris et ses environs; dans le Gâtinais et jusqu'aux extrémités de l'Ile-de-France; il fallait, pour les convenablement administrer, des soins et une capacité plus qu'ordinaires. Souvent, nous l'avons dit, il s'élevait des difficultés assez graves. Les receveurs de l'abbaye étaient obligés d'en appeler à la justice du roi. C'est dans une de ces circonstances que Jeanne II plaida contre la reine Blanche d'Evreux, seconde femme de Philippe

VI, à propos d'usurpation de droits sur un moulin, dit le Moulin-des-Dames, situé sur la rivière d'Essonne.

Ce moulin et les maisonnettes qui l'avoisinaient étaient marqués au signe de la *Crosse* (armes de l'abbaye). Cependant le procureur du roi eu la châtellenie de Grès, au bailliage de Sens, au mépris des droits de l'abbaye de Montmartre, fit effacer les armes de l'abbaye, et les remplaça par une fleur de lys. Quelque temps après, la châtellenie de Grès ayant été donnée à la reine Blanche, l'abbesse et les religieuses de Montmartre lui présentèrent requête en se plaignant qu'elles étaient troublées dans leur possession. Après enquête faite, il fut décidé, par sentence rendue aux assises de Grès, du 25 juin 1356, que la possession des religieuses était immémoriale et légitime, et que les armes de l'abbaye seraient, conjointement avec la fleur de lys, appliquées sur les maisons, celle-ci placée soit au-dessous ou à côté, suivant le bon plaisir de l'abbesse.

Nous avons dit que la gestion des biens de l'abbaye était grande affaire. Confiée à des procureurs ou receveurs, cette administration donna plus d'une fois lieu à des abus qu'il était urgent de réparer, et dont il fallait prévenir le retour. JEANNE III DE MORTERY, qui succéda à l'abbesse Valangemard, sollicita donc et obtint de Charles V, en juin

1364, des lettres de sauve-garde, commandant à ses officiers de protéger et défendre le monastère, comme étant fondation des rois ses prédécesseurs. En vertu de ces lettres, les procureurs et receveurs de l'abbaye reprirent possession d'empiètemens commis par le prieur de Saint-Lazare, sur divers terroirs dans le village de la Chapelle.

Malgré la vigilance des intéressés et leur sollicitude pour faire revenir au domaine tout ce qui en avait été aliéné, peu de retours avaient lieu. Les choses demeurèrent dans un tel état, que le pape Urbain V excommunia, par un bref daté d'Avignon (1365), tous les détenteurs des biens de l'abbaye, qui fut soutenue et défendue dans ses droits, pour ce qui dépendait de la ville de Paris, par le prévôt Hugues Aubriot.

Le désordre survenu dans les biens de l'abbaye provenait sans doute de l'état où se trouvait la France depuis plusieurs années, à raison des guerres avec les Anglais, de la prise du roi Jean à la bataille de Poitiers, et des malheurs qui s'ensuivirent.

Nous n'avons rien trouvé de remarquable sous le gouvernement de l'abbesse Jeanne III, sinon les faits que nous avons cités. Cependant beaucoup de baux et de renouvellemens ont été passés par elle, et toujours, comme nous l'avons déjà dit, moyennant quelques sous de rente ou de cens. Le bail du *Fort-aux-Dames* fut (1361) transféré par Jacques Hamberge, fils d'Etienne dont nous avons parlé, à Etienne Lebourguignon et maître Armurier, sans changement de conditions ni clauses, sous le scel de la prévôté de Paris.

A propos de la profession de ce tenancier de l'abbaye, nous ferons observer que la rue de la Heaumerie (1); à Paris, était habitée par ce corps de métier.

ISABELLE DE RIEUX, qui succéda à Jeanne III, décédée en 1373, fit, dans l'intérêt de sa communauté, confirmer par Grégoire VI le bref de 1365.

C'est sous son gouvernement que, pour la première fois, il est parlé du plâtre extrait de la montagne, et pourtant il semble certain que depuis long-temps Montmartre en fournissait pour les bâtisses de Paris. Il en est question à propos du transport d'un bail fait par maître Bernard, chanoine de Paris et collecteur du pape, à Jean Porrée et Perrenelle sa femme (1373), bourgeois de Paris, de trois arpens et un quartier de terre situés à Montmartre, au lieu appelé la *Couture*, devant les Martyrs, moyennant une mine de blé, mesure de Paris, par chaque

(1) Du vieux mot *heaume* qui veut dire *casque*.

arpent, à acquitter annuellement au grenier de l'abbaye, avec deux sous six deniers de cens. Ce bail donne aussi droit d'exploiter une carrière existant sous les trois arpens, à la charge de six deniers parisis pour chaque centaine de voitures de plâtre sortant de la carrière. Il est à remarquer que le bail de Porrée ne lui permet de fouiller que sous les trois arpens, et non sous le quartier qui est trop rapproché du chemin, et lui enjoint de plus de tirer sa pierre d'une façon qui ne compromette pas la sûreté ni ne gêne la commodité du public.

L'abbesse était sévère sur le chapitre des dîmes. A ce sujet, parlerons-nous d'un bail fait (1376) pour sept arpens de vigne situés à Montmartre, au lieu dit *Sacatie*, joignant par un côté à la ruelle *Beheurdis*, et par le haut à la fontaine dite *la Fausse*? Ce bail est fait à Jourdain de Nanteuil, Simon Chest, Simon Tivalare, Linois Parfait et Parrain Bien, bourgeois de Paris, qui, tous solidairement s'engagent à payer douze septiers de vin, de plus de leur récolte par chaque arpent; et si les vignes viennent à manquer, ne s'obligent pas moins à payer la même quantité d'autre vin du crû de Montmartre.

Les évènemens politiques qui affligèrent la France sous le règne du malheureux Charles VI, et dont nous avons parlé dans l'histoire générale de la montagne, accablèrent le royaume de misère et le firent surcharger d'impôts. L'abbaye eut beaucoup à souffrir pendant ces jours de triste mémoire.

Le continuel passage des troupes sur Montmartre fit craindre de grands désordres pour l'abbaye. Isabelle eut, dans ces circonstances, recours au connétable de Clisson, et le pria d'envoyer des gardes dans son monastère, afin de le préserver de tout dommage. Voici donc, à ce sujet, l'article concernant les dépenses que firent les gardes qui y demeurèrent (1382). Nous copions :

« Item, le vendredi 16 janvier, payé pour les dépenses de Gérard, chevaucheur du roi, notre sire, et de plusieurs autres pour défendre aux gens d'armes qu'ils ne fissent aucun mal à l'église, pour ce XII s. 4 d. »

Dans un acte de cette même année, Isabelle déclare que son église, son monastère et tout le temporel servant, avec tout ce qu'il comporte, à son entretien et à celui de sa communauté, sont en déplorable état et demandent beaucoup de réparations, qu'il lui est impossible d'entreprendre à raison de tout ce qu'elle a perdu de son revenu par le fait des guerres.

Cette déclaration prouve à quel degré de misère la France était tombée à cette époque (1383-1384).

Vû ces tristes circonstances qui se prolongèrent plusieurs années, après avoir, dans un compte détaillé, rendu par Jean Frogier, procureur de l'abbaye, exposé la situation du couvent, Isabelle se démit de sa charge.

Elle fut remplacée (1394) par Jeanne IV du Coudray, qui ne trouve pas une communauté bien nombreuse, ni bien riche.

Cette nouvelle abbesse s'efforça de faire rentrer les revenus et y passa plusieurs baux de terres et de maisons; toutefois, malgré ses soins, la communauté s'affaiblissait tous les jours à tel point qu'il résulte d'un compte rendu (1403) par Guy Salomon, prêtre, receveur de l'abbaye, qu'il ne restait plus dans le couvent que six religieuses, dont les principales étaient, après l'abbesse, la prieure, qu'il ne nomme pas, Agnès de Cluny, sous-prieure, la trésorière, et sœur Marie du Coudray, vraisemblablement parente de l'abbesse.

Les bouchers de Paris, on le sait, jouèrent un grand rôle dans les sanglantes journée qui désolèrent la capitale, pendant les querelles acharnées des Armagnacs et des Bourguignons. Exécuteurs des ordres sanguinaires du duc de Bourgogne, ils s'étaient livrés aux plus horribles excès. Taneguy du Châtel, prevôt de Paris, et les princes d'Armagnac, pour se venger d'eux, firent démolir la grande boucherie (1). L'abbaye, propriétaire de cet établissement, réclama dans cette circonstance contre cet acte d'autorité qui blessait ses intérêts. Elle demanda que, nonobstant ce qui venait d'être détruit, les bouchers fussent condamnés à lui payer la rente de soixante sous six deniers qu'ils devaient au monastère à raison des baux à eux faits de la maison où étaient les étaux. Un arrêt rendu le 3 décembre 1416 fait droit à la demande; l'abbaye condamne les bouchers à lui payer les arrérages et le courant, en attendant que le roi indemnise le couvent de la rente par un autre fonds de terre de la valeur de celui sur lequel la boucherie était bâtie.

Cette indemnité n'eut pas lieu : deux ans après, le roi, à la sollicitation du duc de Bourgogne, qui l'obsédait et qui profita d'un moment de retour à la raison de cet infortuné prince, le roi, disons-nous, blâma fortement la conduite des d'Armagnac, et fit expédier en août (1418) des lettres-patentes qui furent vérifiées en parlement le 3 octobre, et à la chambre des comptes le 9 décembre de l'année suivante (1419), par lesquelles il est permis aux maîtres bouchers de faire rebâtir leurs étaux au même lieu qu'ils occupaient. Ce qui fut exécuté, en se conformant aux alignemens don-

(1) Où est aujourd'hui la rue Saint-Jacques-de-la-Boucherie.

nés par les commissaires de la prévôté de Paris. Si bien, dit don Dubreuil dans ses Antiquités, *qu'en 1420 on y vendait de la chair comme de coutume.*

SIMONÉ DE HERVILLE vint, en 1419, succéder à Jeanne IV. Entre divers baux faits par cette abbesse à quantité de particuliers pour diverses espèces de biens, je dois faire remarquer celui passé en 1429 à Philippe Damien, marchand et bourgeois de Paris, moyennant six livres de rente perpétuelle et trois deniers de cens, d'une maison sise à Paris, rue de la Heaumerie; laquelle rente était payable annuellement à la Saint-Rémy et le cens à la Saint-Denis, à l'auditoire du *Fort-aux-Dames.* Ce dernier article nous prouve qu'à cette époque l'abbaye avait encore sa justice à Paris.

Simone, à cause des mauvais jours où elle vécut, ne put faire que peu de chose pour l'amélioration de l'état de la communauté, qu'elle administra pendant sept années de véritable misère.

AGNÈS DESJARDINS la remplaça (1436) et ne vit pas de temps plus heureux. La France était au pouvoir des Anglais et affligée continuellement par le fléau de la guerre. Les malheurs qui frappaient le pays tout entier avaient tellement appauvri le peuple, que l'abbaye, constamment privée d'une grande partie de ses revenus, s'était elle-même endettée. Poursuivie par ses créanciers, l'abbesse crut devoir présenter officiellement un compte général de recettes et dépenses.

Par les détails de ce compte, on voit 1º que l'abbesse ne résidait point au monastère, mais à Paris, dans une maison de la rue Saint-Honoré, dit l'hôtel du *Plat-d'Étain* (1); 2º que le receveur du domaine du roi ne payait plus une rente de trente-cinq livres qu'il devait annuellement à l'abbaye; 3º qu'aucun revenu n'arrivait des biens de la campagne, et cela parce qu'on n'osait pas aller faire les collectes à Chaumontel, à Chelles, à Torfou, à Compiègne, etc.; 4º que toutes les terres du Gâtinais étaient réduites à vingt-six livres de ferme qui encore n'étaient plus payées; que nombre de dîmes importantes étaient réduites à un muid de grain, parce que les terres étaient généralement abandonnées et sans culture. Cet état déplorable était encore aggravé par les dépenses qu'il avait fallu faire pour réparer l'église et les bâtimens du couvent afin de les empêcher de tomber en ruine.

Telle était, en 1445, la situation bien triste de l'abbaye; ce qui n'empêcha pas Agnès de céder (1448) à l'Hôtel-Dieu de Paris, qui en avait besoin, moyennant une rente annuelle de vingt-quatre sous parisis, une petite place vide dans la rue *du Sablon*, aboutissant à la rivière (2).

(1) Une rue du quartier des Bourdonnais porte le nom du Plat-d'Étain.

(2) Nous n'avons rien trouvé qui puisse nous indiquer le lieu où cette rue était située; mais nous pensons que c'était vers le petit Châtelet, près celle de la Bûcherie.

Agnès fit renouveler par Charles VII les lettres de sauve-garde données par son père en 1408. Le roi nomma le prévôt de Paris, Robert d'Estouville, *gardiateur* de l'abbaye de Montmartre.

Au milieu des calamités générales, l'abbaye eut sa calamité particulière. Seigneur de Montmartre, et, par le droit de sa fondation, curé primitif et en légitime possession des dîmes dans l'étendue de la paroisse, elle vit néanmoins (1451) le curé Anceau-Langlois, qui n'était, à proprement parler, qu'un vicaire perpétuel, se les attribuer en propre, s'affranchir de sa dépendance et se faire des revenus contestables. L'abbesse ne put tolérer un si grand abus et plaida contre le curé, qui perdit le procès; l'abbaye fut maintenue dans sa légitime possession. Toutefois, le curé Anceau, par accord du 9 novembre de ladite année, obtint un meilleur traitement fixe, et, pour sa vie durant, la remise d'une rente de vingt-huit sous parisis qu'il devait annuellement pour deux arpens de vigne dont il avait la jouissance dans une culture des dames.

L'état de délâbrement dans lequel, faute de moyens pour les réparer, on laissait les bâtimens et l'église, devint si grand que l'abbesse, qui déjà (1446) avait aliéné quelques biens pour faire d'urgentes réparations au cloître, aux dortoirs, et acquitter des dettes pressantes, fut de nouveau obligée de recourir aux mêmes expédiens pour se procurer de l'argent destiné exclusivement à de grandes réparations. Une vente de biens eut lieu (1460) avec l'autorisation de Guillaume Chartier, 101e évêque de Paris. Avec son produit on refit tout à neuf (1461) le clocher, la charpente et la couverture de l'église.

Après la mort d'Agnès (1462), nous voyons élire pour la remplacer la fille d'un des receveurs ou procureurs de l'abbaye ; elle se nommait *Perrenelle la Harasse* (1463). L'administration de cette abbesse s'écoula durant des jours bien mauvais.

Malgré les ordonnances des rois et nonobstant les foudres des papes, les détenteurs nombreux de biens de l'abbaye et ses débiteurs persistant dans leur négligence à acquitter leurs obligations envers elle, soit mauvaise volonté, soit empêchement, l'argent n'arrivait pas plus que les dîmes en nature.

Nous avons dit *empêchement*, parce qu'il est bon de remarquer qu'alors (1464), Paris, environné des troupes de la ligue du bien public, était inaccessible de tous côtés et cerné de telle sorte que les receveurs de l'abbaye, à qui on n'apportait rien, ayant résolu d'aller faire les collectes en personne, ne purent exécuter cette résolution, ni même, à cause de l'occupation militaire des terrains, faire saisir les récoltes et les fruits sur pied (1465).

Entre divers baux passés par Perrenelle, nous devons remarquer celui fait (1469) à Arnoulet, marchand chandelier, demeurant à Saint-Marceau (1), de la chasse des lapins dans la seigneurie du monastère. Ce bail lui fut accordé moyennant 12 sous parisis, payables annuellement à l'abbaye, avec redevance de deux lapins qu'Arnoulet devait y porter tous les ans, à la fête de Noël.

Pour ne point être surpris d'une telle concession qui semble étonnante en voyant Montmartre aujourd'hui, qu'on veuille bien se rappeler que son territoire, en pleine culture, garni de vignes ou taillis, embrassait alors toute l'étendue que couvrent maintenant trois ou quatre grands quartiers de Paris.

Malgré les soins infinis de Perenelle pour améliorer l'état financier de l'abbaye, il devenait chaque jour plus alarmant. Les dettes étaient si considérables qu'il fallut à ce sujet présenter requête à Louis XI. On lui dépeignit la situation telle qu'elle était et l'impossibilité d'aller plus avant.

Le roi prit cette supplique en considération, et ne voulant pas qu'un établissement créé par ses ancêtres et dépendant de sa prévôté de Paris fût plus long-temps tourmentée, rendit le 4

(1) Ce bourg fait maintenant partie de la ville de Paris.

février 1468, une ordonnance qui nommait une commission pour administrer le temporel de l'abbaye.

Cette commission devait d'abord faire cesser toute poursuite contre le monastère, puis faire rentrer les revenus et sommes dues. De toutes les recettes, elle devait former trois parts à employer, savoir : la première, pour la nourriture et entretien de la communauté. La deuxième, pour l'entretien des bâtimens et les frais de culture. Enfin, la troisième, pour s'acquitter vis-à-vis des créanciers. Les dispositions de cette ordonnance furent ponctuellement exécutées à la diligence du prévôt de Paris, Robert d'Estouville, et eurent un bon résultat.

Pendant les dix années que dura son exercice, l'abbesse Perenelle n'eut que contestations et procès à soutenir. Quoique toujours elle en sortît victorieuse, sa vie dut en être grandement agitée. Ferme dans ses droits, elle ne reculait devant personne pour les défendre lorsqu'ils étaient attaqués, ou les faire respecter quand ils étaient méconnus. Ici, c'est contre le duc de Nemours qu'elle revendique ses bois usurpés dans le Gâtinais; là, à deux fois différentes, c'est aux gens du roi eux-mêmes, qui contestent à ses bûcherons de l'abbaye le droit de faire du bois pour elle dans le bois de Boulogne, qu'elle oppose une vive résistance. Plus tard, elle repousse les prétentions du curé de Montmartre, qui, au mépris du respect qu'il lui doit, et sans s'inquiéter de la difficulté des circonstances, demande avec une sorte d'insolence le paiement de son arriéré. Enfin, et ceci est remarquable, elle ne craint pas de maintenir ses droits contre le collecteur du pape Sixte IV. Ce collecteur, dans le prélèvement du dixième imposé sur les biens ecclésiastiques pour aider le saint Père dans la guerre contre Mahomet, avait fait indûment saisir une des terres de l'abbaye, dans le diocèse de Senlis. Bravant dans cette grave circonstance l'excomunication lancée contre elle et toute la communauté, l'abbesse tint ferme. Son affaire fut envoyée à Paris; la saisie fut annulée, et le collecteur Jean Laurent condamné aux dépens.

Peu de temps après ce triomphe (1477), elle alla pour toujours se reposer de ses pénibles travaux.

Marguerite Langlois, qui lui succéda immédiatement, suivit son exemple, et pendant vingt années s'efforça de remettre sur un bon pied le temporel de l'abbaye.

Elle fit quantité de baux et eut divers procès à soutenir. Nous citerons seulement celui qu'elle gagna contre les bouchers de Paris, qui méconnaissaient les droits de l'abbaye sur les étaux dont nous avons déjà parlé, et un autre qui fut aussi jugé à son avantage contre le prieuré de Saint-Lazare, dont les propriétés confinaient (1) avec celles de Montmartre.

Elle traita avec la confrérie des orfèvres de Paris, au sujet de leur établissement dans la chapelle du Martyre. Habile à profiter des circonstances, elle saisit l'occasion de l'exaltation d'Alexandre VI au trône pontifical (1493), pour lui faire confirmer et ratifier par une bulle, non seulement toutes les immunités, franchises et privilèges accordés autrefois à l'abbaye par ses prédécesseurs, mais encore toutes les donations qui lui avaient été faites, tant par les rois et les princes que par les particuliers.

Marguerite ne borna pas ses travaux et ses soins au temporel de son abbaye. Sa sollicitude éclairée et sa piété véritable la portèrent à entreprendre une réforme nécessaire et dès longtemps désirée parmi ses religieuses.

Les malheurs des temps que nous avons rappelés, et la pauvreté de l'abbaye qui en fut le résultat, avaient introduit de grands désordres dans la communauté, si régulière jadis.

(1) L'enclos du prieuré de Saint-Lazare occupait le nouveau quartier où est située la rue Lafayette et l'Eglise Saint-Vincent-de-Paul.

La clôture y était à peine observée, en sorte que d'après un état de situation que nous avons sous les yeux, il n'y avait de résidant au couvent (1493), indépendamment de l'abbesse et de cinq sœurs, tant de chœur que converses, que sept religieuses : en tout treize personnes.

Il faut moins attribuer le désordre qui régnait dans le monastère à l'administration et aux dis-dispositions particulières des religieuses, nous aimons à le faire remarquer, qu'aux malheurs des temps. Tantôt obligées, pour trouver leur nécessaire qui n'arrivait plus au couvent, d'être en rapport avec des étrangers, et de les chercher chacune de son côté; tantôt contraintes à fuir le monastère pour se soustraire aux dangers et éviter les insultes auxquelles les exposait, de la part des soldats, le continuel passage des troupes; il n'est pas étonnant qu'elles aient contracté de la dissipation, et que l'habitude forcée d'une sorte de liberté ait peu à peu détruit en elles l'esprit de recueillement et de retraite.

Au reste, cet état d'inobservance des règles conventuelles n'étaient pas plus particulier aux religieuses de Montmartre qu'aux religieuses et aux religieux de presque tous les monastères du royaume, qui avaient eu à souffrir des mêmes circonstances.

L'abbaye de Fontevrault elle-même, d'où nous

verrons arriver bientôt toutes les réformatrices, avait eu besoin, comme les autres, que quelque temps auparavant l'illustre et pieuse Marie de Bretagne la rappelât aux habitudes de la vie religieuse du cloître; mais revenons à Montmartre.

On ne sera pas fâché de connaître comment, à cette époque, les religieuses étaient traitées dans leur couvent. L'état de situation que nous avons déjà cité va nous l'indiquer :

« A chacune de ces dames, outre le vivre ordinaire, était donné aux fêtes de Noël et de Pâques, la somme de 10 sous.

» Aux fêtes de Saint-Denis, de la Toussaint, de la Dédicace, 21 avril, de l'Ascension, de la Pentecôte, 6 fr.

» A la Saint-Remy, 4 fr.

» Pour la quarantaine (carême), 6 fr.

» Deux boisseaux de pois.

» Une pinte d'huile de noix.

» Un quart de sel.

L'allocation d'argent était faite aux religieuses, tant pour le bois que pour autres petits besoins.

La dépense de l'abbesse et des domestiques est comptéé séparément, et diffère bien peu de de celle que nous rapportons.

Il paraîtrait qu'alors il n'y avait pas de confesseur ordinaire attaché et résidant au couvent, puisque plusieurs articles de dépenses prouvent que chaque fois qu'il y venait, tant pour dire la messe que pour confesser, il recevait la somme de 14 sous.

Néanmoins il y avait un chapelain qui chantait tous les jours la messe haute, et qui, pour son service, recevait par an, outre sa nourriture, la somme de 18 livres.

Jean Simon de Champigny, 103e évêque de Paris, qui secondait beaucoup le projet de réforme entreprise par Marguerite, mourut sur ces entrefaites (13 décembre 1502). Notre abbesse lui survécut très peu de temps, et ne put achever sa grande œuvre. La gloire en était réservée à MARIE CORNU, qui lui succéda et qui fut puissamment aidée par Etienne Poncher, successeur de l'évêque Simon.

Une particularité sur Marguerite Langlois mérite d'être rapportée. Elle tomba malade au mois de juin 1503; le 7 elle était à la dernière extrémité. Sentant qu'elle allait quitter le monde, elle voulut qu'on lui fît sur-le-champ un service comme si déjà elle était décédée; ce qui fut exécuté. Le service eut lieu les vendredi et samedi 9 et 10. On célébra treize messes pour elle, et le lendemain, dimanche de la Trinité, à cinq heures du matin, elle était devant le Seigneur. Ses obsèques eurent lieu le même jour.

Le mardi suivant, les religieuses assemblées en chapitre, rédigèrent une requête à l'évêque de Paris, pour lui demander la permission d'élire une nouvelle abbesse (C'est la première fois que nous trouvons cette marque de déférence). La requête fut remise au curé de Montmartre, qu'on chargea de la présenter au prélat. Mais monseigneur refusa toute procuration nouvelle, et retira même celle donnée autrefois pour l'élection de la défunte. Huit jours après, il envoya par un nommé Laurent Setier un ordre de surseoir encore une semaine à l'élection.

Le chapitre, loin d'obtempérer aux volontés de l'évêque, le vendredi 23 juin, fit une consultation de sept avocats dont les conclusions furent de passer outre. Mais le dimanche qui suivit cette délibération, avant la messe, le promoteur du diocèse vint à Montmartre assurer ces dames que le lendemain les grands-vicaires viendraient les disposer à faire l'élection d'une personne parfaitement capable de bien gouverner leur abbaye.

En effet, le 26 juin, les religieuses se réunirent en présence des grands-vicaires et de M. Pierre Garrout, curé de Montmartre et receveur de l'abbaye, et, séance tenante, elles élurent MARIE CORNU.

Etienne Poncher n'avait apporté des retards

que pour assurer la majorité des suffrages à cette religieuse qui était venue de Fontevraut; et sur le mérite et la capacité de laquelle il comptait pour effectuer l'entière réforme de la communauté. Poncher fit encore venir quelques religieuses de Fontevraut pour seconder les efforts de la nouvelle supérieure.

Le premier acte de Marie Cornu fut le changement du receveur de l'abbaye. Depuis 28 ans, il occupait cet office. On n'avait jamais pu obtenir de lui un compte en règle. Il fut remplacé par un nommé Guillaume Dutertre, sergent à cheval au Châtelet de Paris, homme ferme et sur la fidélité duquel on pouvait compter. On lui assigna 24 livres par an pour honoraires. L'abbesse et son chapitre donnèrent à Dutertre une procuration fort étendue, datée de l'église de Montmartre du 11 de juillet de l'an de grâce 1503.

Cependant le receveur démissionnaire Garrout ne rendait pas les comptes qui lui était demandés, ni les papiers de l'abbaye dont il était depuis si long-temps dépositaire. On fut obligé de les lui faire réclamer par huissier. Garrout demanda le temps nécessaire pour s'acquitter d'un travail si arriéré, et, enfin, satisfit pleinement à ce qu'on exigeait de lui.

Dutertre mit un grand zèle dans les travaux de son office, et dressa des états au moyen desquels il put faire rentrer tous les revenus de l'abbaye, et rétablir peu à peu son bien-être temporel.

Les religieuses, de leur côté, sous la conduite d'une pieuse et vigilante abbesse, s'avançaient dans la perfection spirituelle. Elles demandèrent à l'évêque Poncher de vouloir bien leur dresser quelques statuts et réglemens qui les aidassent à observer plus facilement la règle de saint Benoit. Le prélat se rendit à leur vœu et modifia suffisamment cette règle si austère pour la rendre praticable à des filles. Ce règlement, modifié, était bien rigoureux encore, mais tel que les religieuses l'avaient désiré, car l'évêque n'avait fait que sanctionner les articles posés par elles.

Entre autres changemens dans les usages de l'abbaye, nous devons remarquer que c'est de cette époque que l'élection des abbesses fut triennale. Jusqu'alors elle avait été perpétuelle. C'est aussi à ce temps que le costume blanc fut substitué au costume noir.

Sur la requête des religieuses, le nouveau réglement fut confirmé par le cardinal Georges d'Amboise, légat en France du pape Jules II, qui avait dans les attributions et pouvoirs de sa légation, la réforme de tous les couvens du royaume.

Au moyen de ce nouveau réglement, l'abbaye changea de face en peu de temps. L'étroite observance qui y fut établie y ramena la piété la plus grande et la mieux soutenue.

La réputation de sainteté dont jouit bientôt la communauté, y attira de nouvelles personnes. Nous remarquerons entre autres la mère de notre abbesse, qui, étant devenue veuve, vint y prononcer des vœux et vivre sous la conduite de celle qui lui devait le jour. Cette pieuse dame légua ses biens à l'abbaye, à la condition qu'on ferait tous les ans un obit pour elle et son mari, ainsi que pour tous les membres de sa famille décédés. Elle ajouta une obligation qui prouve sa dévotion particulière à la reine des cieux. Elle voulut que, chaque jour après complies, en sortant du chœur, les religieuses récitassent à genoux un *Ave Maria* devant l'autel de l'Annonciation.

Le contrat de cette donation fut passé à Montmartre entre Alix Ripoul et sa fille, Marie Cornu, abbesse, accompagnée de toutes les religieuses, pardevant de Troye et de Larche, notaires au châtelet de Paris, le 7 septembre 1507.

Laurent Cornu, frère de l'abbesse et fils d'Alix Ripaut, ne vit pas sans mécontement la donation faite par sa mère. Il attaqua la validité de l'acte et prouva qu'elle n'avait pu faire cette renonciation sans préjudice pour lui. La réclamation de Laurent Cornu était juste; aussi les religieuses y mirent fin, en abandonnant quelques rentes à ce fils déshérité, et tout fut concilié.

Il semble que Marie Cornu était une femme de grand mérite, et qui s'occupait particulièrement de la réforme des couvens; car nous trouvons qu'au bout de sept années d'excellent exercice, après avoir fait revenir dans l'abbaye la bonne administration et la régularité religieuse, elle passa successivement de Montmartre au monastère de Chelles, puis à celui de Farmoutiers, pour y opérer le même bien.

Au mois de juin 1510, les sœurs élurent **Martine Dumoulin**. Cette abbesse continua avec une intelligence remarquable l'œuvre de sa devancière.

Dans les titres de l'abbaye, on voit qu'à cette époque il existait dans la première cour du monastère une sorte de communauté d'hommes désignés sous le nom de religieux de Montmartre. Elle se composait de prêtres et de laïques : c'étaient les prêtres desservant le couvent et les frères leurs serviteurs.

Une communauté d'hommes dans un monastère de filles! Qu'avons-nous dit? Certes, en voilà bien plus qu'il n'en faut pour éveiller ou justifier les scrupuleuses susceptibilités d'un siècle délicat sur le chapitre des convenances morales. Pourtant, qu'on veuille bien réfléchir quelque peu sur l'état des choses à l'époque qui nous occupe, on verra que tout est dans l'ordre. Il n'y a pas plus d'inconvenance à voir des prêtres résidant dans les bâtimens de la première cour d'un couvent de femmes, que de trouver aujourd'hui des femmes dans l'intérieur même d'un collége; aucune réclamation n'est faite, que nous sachions, à ce sujet. Raisonnons, cependant.

L'abbesse de Montmartre, seigneur sur son terrain, ne cessait pas pour cela d'être soumise à la surveillance ecclésiastique, qui n'aurait rien souffert de contraire aux règles de la plus rigoureuse bienséance. Obligée de faire desservir, indépendamment de sa propre chapelle, celles des Martyrs, de Coquenard, de Sainte-Anne, de Clignancourt, et toutes ces chapellenies, à raison de diverses fondations; devant célébrer plusieurs messes chaque jour, il fallait bien un personnel de prêtres assez nombreux pour remplir les obligations contractées, et des clercs pour les assister dans le service divin. Qu'on se souvienne aussi que dans ces temps il n'existait pas encore de séminaires, et que le sacerdoce se recrutait parmi les élèves, les clercs formés dans les paroisses, sous les yeux des curés de même que sous la direction des chapelains des maisons religieuses. L'abbesse de Montmartre, nous le répétons, seigneur et maîtresse sur son terrain, et à titre de curé primitif pour administrer aussi avantageusement que possible le troupeau dont la garde lui était confiée, et satisfaire à toutes les exigences du service religieux, avait dû, sans le moindre inconvénient et sans la crainte même d'une ombre de scandale, établir près d'elle et sous son immédiate surveillance, soumise toutefois au contrôle de l'ordinaire, établir auprès d'elle la communauté dont nous venons de parler et au sujet de laquelle nous avons cru ces détails nécessaires.

Au reste, cet usage existait dans les communautés les plus renommées pour leur austère régularité. On lit dans l'histoire de Port-Royal-des-Champs que plusieurs prêtres et des laïques y demeuraient dans la première cour. Dans la vie du cardinal de Berulle, il est dit que ce saint homme avait attiré auprès de lui divers prêtres, et entre autres Vincent de Paul et M. de Bourdoire, et qu'ils logeaient ensemble au couvent de Carmelites, rue du Faubourg-Saint-Jacques, à Paris. C'est assez pour répondre à tout ce qu'on pourrait dire sur le fait que nous avons énoncé; revenons à notre histoire.

Martine obtint de Louis XII (1514) de renouveler les papiers terriers de toutes les possessions de l'abbaye. Claude Becquet, bailli de Montmartre, fut député pour les publier.

L'abbesse savait faire respecter ses droits seigneuriaux et ne souffrait pas qu'on y portât atteinte. Un voleur avait été pris et conduit dans les prisons du Châtelet devant la justice duquel il allait être traduit pour un crime commis dans une maison de la rue de l'Arbre-Sec, près la Croix-du-Tiroir (1), appartenant à la justice de l'abbaye. L'abbesse ayant eu connaissance de cette usurpation sur ses prérogatives, se fit immédiatement rendre le voleur qui fut aussitôt jugé par la justice de Montmartre.

Après dix années, pendant lesquelles elle parvint, à force de zèle et d'activité, à améliorer beaucoup l'état de la communauté, Martine s'endormit dans la paix du Seigneur (1515).

CLAUDE MAHULLE lui succéda. A peine entrée en fonction, elle s'empressa de faire renouveler, par François Ier, qui venait de monter sur le trône (1515), les lettres de sauve-garde données à l'abbaye par les rois ses prédécesseurs. Elle demanda aussi au pape Léon X, et obtint de lui confirmation des divers brefs accordés à différentes époques par les souverains pontifes.

Ensuite, elle procéda à la translation des reliques des saints martyrs que, dans la crainte

(1) Où est aujourd'hui la fontaine.

qu'elles fussent profanées durant le temps des guerres et des troubles, on avait cachées sous le pavé d'une des chapelles de l'église. On pense que c'étaient les précieux restes des premiers chrétiens qui furent martyrisés sur le lieu où saint Denis lui-même avait été décollé. Ces reliques, religieusement placées dans trois riches châsses, furent exposées à la vénération des fidèles. La cérémonie de la translation fut présidée par François Poncher. La commémoration de cette grande solennité se célébrait tous les ans, le 15 mars.

L'acte dressé à l'occasion de la translation indique que depuis la réforme il y avait une association de communes prières entre l'abbaye de Montmartre et celles de Chelles, de Malnoue, du Val-de-Grâce, de Gife et de Gercy, et qu'ensemble ces diverses communautés élisaient un même visiteur.

Pendant sa gestion, Claude opéra quelques échanges de biens, passa des baux et eut la satisfaction de voir quelques détenteurs des propriétés de l'abbaye venir à restitution. Mais ce qui dut par dessus tout lui donner du véritable contentement, c'est la constante persévérance de la communauté dans la sainte voie que la réforme avait ouverte.

La piété des religieuses de Montmartre et la sainteté de leur vie avaient donné au monastère une telle réputation que beaucoup de demoiselles de grandes familles, qui avaient la vocation du cloître, venaient prendre le voile à l'abbaye. Ces bonnes sœurs étaient même parvenues à une si grande perfection qu'une d'entre elles, Catherine Lecoqueux, fut envoyée pour réformer le monastère de Gercy.

Nous trouvons dans les actes de l'abbaye une preuve de la libéralité des parens de cette sœur Catherine, et en même temps du désintéressement de l'abbesse de Montmartre, dans l'état de tout ce que cette religieuse avait apporté à l'abbaye, et qui passa avec elle au monastère de Gercy. On transféra donc une rente de

17 septiers de bled
7 id. d'avoine

revenu de 40 arpens de terre, situés au port de Neuilly.

plus 24 sous de rente à prendre sur les vignes de Colombes.

Le Dauphin étant tombé dangereusement malade (1518), François Ier envoya une grosse somme d'argent à l'abbaye avec recommandation qu'on y fît des prières pour le rétablissement de la santé de son fils.

L'abbesse Mahulle n'acheva pas les sept années qu'aux termes de la réforme, elle devait passer dans son poste: la mort vint la surprendre à la fin de 1518.

Antoinette Auger fut élue à sa place au mois de mai 1519. Son premier soin fut de trouver les moyens de faire rentrer au domaine de l'abbaye tous les biens détenus par mains étrangères.

Elle obtint de François Ier une lettre datée du 15 septembre 1522, adressée à Gabriel, baron d'Aligre, prévot de Paris, et à M. de Saint-Just, chambellan du roi, leur ordonnant de nommer une commission qui renouvelât promptement les déclarations aux détenteurs des biens de l'abbaye pour en empêcher la vente ou l'aliénation. La commission fut donnée à Guillaume du Tertre, tabellion à Boissy-le-Repos (1). Cette sage mesure, exécutée avec zèle, amena de nombreuses reconnaissances qui assurèrent pour longtemps les biens de l'abbaye.

Nous ne trouvons plus rien de remarquable sous l'administration d'Antoinette Auger, dame d'un grand mérite et que nous verrons réélire en 1533.

Catherine Le Charron lui succéda (1526) immédiatement; c'était la fille d'un célèbre avocat au parlement de Paris. Ses hautes qualités la firent élever de simple professe à la dignité abbatiale, ce qui ne s'était jamais vu avant elle.

Les premières années de son administration ne nous offrent rien qui soit digne d'être noté. On

(1) Le même sans doute que nous avons déjà nommé.

n'y trouve que des ventes, aliénations ou échanges de biens au profit de l'abbaye.

Entre tous ces actes insignifians, nous n'en citerons qu'un parce qu'il peut faire connaître l'état d'une des localités de Paris à cette époque (1529). Par acte passé à Paris, le 14 juillet, l'abbaye échangea avec Mathieu Maschecou, seigneur de Passy-lès-Paris, huissier de la chambre du roi, huit arpens de terre, aboutissant aux Tuileries, contre un arpent et six perches de terre situés près du pont de Sèvres et une autre pièce de deux arpens et demi, appelée le pré des *Noires-Madames*. Nous pensons que le terrain que l'abbaye échangea devait être situé sur le versant méridional de la butte Saint-Roch, où sont maintenant les rues d'Argenteuil, Saint-Honoré et de Rivoli.

ANTOINETTE AUGER, rappelée par le suffrage de ses sœurs, reprit, en 1533, le gouvernement de l'abbaye. Elle débuta dans son exercice nouveau, par donner à frère Florentin Marchand, religieux de Montmartre, la permission d'aller à Notre-Dame de Paris, recevoir l'ordre de prêtrise des mains de Jean du Bellay, 106e évêque de Paris. Cet acte prouve qu'en même temps qu'elle gouvernait l'abbaye, la dame de Montmartre était supérieure de la petite communauté d'hommes dont nous avons parlé ci-dessus, et confirme ainsi tout ce que nous avons dit à son occasion.

Antoinette eut divers procès à soutenir, et toujours pour défendre les droits de l'abbaye et maintenir ses revenus.

Elle fut obligée de fournir (1533) aux officiers du roi, qui faisaient la recherche des droits du domaine de la couronne, une nouvelle déclaration des biens de l'abbaye.

Nous ne finirions pas cette notice s'il nous fallait détailler toutes les contestations qui s'élevaient à chaque instant pour des empiétemens faits ou des usurpations commises dans les biens de l'abbaye. Ces diverses circonstances accusent la mauvaise administration de la France à cette époque, et une espèce de persévérance à nuire aux corporations religieuses. Nous faisons cette remarque avec d'autant plus de raison que chaque fois le tort venait de personnes souvent considérables, et que toujours la chose bien examinée était jugée au profit de l'abbaye.

Nous croyons devoir citer trois faits qui donnent une idée de la valeur des biens fonds à l'époque qui nous occupe.

1º Au mois de janvier 1537, l'abbesse fit bail pour neuf ans à Nicolas Sageret, moyennant la somme annuelle de 60 livres et 4 septiers de *naveaux* à livrer à l'abbaye, de tous les droits qu'elle possédait à Boulogne et aux Menus devant Saint-Cloud.

2° Pour neuf années encore, moyennant 60 livres par an et une redevance de 12 chapons à Pierre Henri, le bail de la terre et seigneurie de Torfou.

3° Enfin, pour le même laps de temps à Jean Desmarets, avocat au châtelet de Paris, elle afferma les dîmes d'Auners, à la charge annuelle de quatre muids dix septiers de bled et trente septiers d'avoine.

Un bail fait en 1535, prouve qu'Alix Ripaut avait donné de grandes propriétés à l'abbaye. Car nous voyons dans un acte que le bail de la métairie de Collégien, qui faisait partie de la donation de cette dame, avait été donnée pour neuf ans à Jean Durand, moyennant rente annuelle de cent muids de grains à conduire aux greniers de l'abbaye.

Antoinette fit refondre toutes les cloches (1537) de l'abbaye, dont la plupart étaient cassées.

Sous son administration, une cession des droits de l'abbaye sur 74 arpens de terrain et une maison dépendant des Menus, fut faite aux dames de Longchamps, qui avaient alors Georgette Cœur pour abbesse, moyennant le cens et une indemnité que se réserva l'abbaye.

Le monastère de Montmartre florissait à cette époque d'une manière toute particulière. La douce piété qui y régnait, en même temps que l'excellente direction qu'Antoinette Auger savait imprimer à toute sa communauté, attirait les regards de ceux qui, dans le monde, avaient le cœur porté à la vocation religieuse. Nous réitérons cette observation parce qu'elle répond aux déclamations qu'on n'a cessé de produire contre les couvens, et parce qu'elle prouve combien ces saints asiles étaient estimés par ce qu'il y avait de plus considérable et de plus vertueux dans le royaume.

Prouvons cette assertion en citant les noms des demoiselles qui vinrent alors faire profession religieuse à Montmartre après avoir abandonné généreusement tout ce que la naissance, la fortune, une haute position, les charmes d'une brillante éducation peuvent offrir d'avantageux dans le monde, ou procurer de délices dans la vie. Les Catherine Séguier, Madeleine Lecharron, Catherine Leblanc, Jacqueline de Tartensac, Catherine Testu, Marie Brulart, Catherine Lemaistre, Marguerite Chambon, Anne de la Rochebout, Françoise de Lozoit, Marie Alegrain, Louise de Ternay, faisaient partie du personnel de la royale abbaye, quand Antoinette céda sa charge à JEANNE LELIÈVRE.

Cette dame, d'une grande piété et d'un esprit remarquable, était fille du sieur Lelièvre, avocat au parlement de Paris. Depuis huit ans déjà elle était la dépositaire du couvent, quand le suffrage unanime de ses sœurs l'appela à la dignité d'abbesse. Son humilité fut tellement affectée de l'élévation où le choix de ses compagnes la plaçait, qu'elle en prit un fond de chagrin qui la fit mourir dans l'année (1540).

La fille d'un autre avocat au Parlement de Paris fut appelée à lui succéder. C'était MARIE CATHIN. On ne trouve rien de remarquable sous l'administration de cette dame. Tout se borne à quelques baux passés, quelques biens achetés et à divers ensaisinemens et transactions avec des particuliers pour les propriétés dans la censive de l'abbaye.

Marie Cathin céda sa dignité (1542) à MARGUERITE DE HAVARD, noble fille de Jacques Havard, chevalier, seigneur de Senantes, près Chartres.

Cette abbesse donna à deux bouchers de Paris, Jacques Rousseau, en 1543, et Jean Vamar, en 1547, bail de deux pierres ou étaux à vendre du poisson, moyennant la somme de 70 livres pour chaque pierre. Nous rapportons ce fait pour montrer quelle différence il y a entre cette somme et toutes celles que nous avons énoncées pour des concessions analogues et même plus considérables et faire remarquer combien le taux de l'argent avait haussé.

Marguerite fit faire à ses frais deux riches reliquaires pour déposer quelques précieux restes de saint Denis et de saint Étienne. Elle en fit don à son couvent.

Appelée à Paris pour des affaires de haute importance, que les titres de l'abbaye ne caractérisent pas, Marguerite y vint prendre domicile au monastère des Filles-Dieu (1), qui était de l'ordre de Fontevraut, et qui, pour cette raison, depuis la réforme, avait conservé quelques liens avec Montmartre.

Ce séjour de notre abbesse à Paris, quoique tenu secret, ne donna pas moins lieu à un grand changement, dont nous allons dire deux mots.

Les abbesses de Montmartre depuis la réforme étaient élues et renouvelées tous les sept ans, par le suffrage des religieuses leurs sœurs, on a dû le remarquer. Les fonctions de dame Marguerite expiraient juste en 1548, pendant sa non-résidence, dont on profita pour détruire le mode d'élection libre et placer la dignité abbatiale sous la nomination absolue du roi.

A la sollicitation de la fameuse Diane de Poitiers, qui avait tant d'empire sur le cœur d'Henri II, et aux désirs de laquelle ce prince ne savait

(1) Où est aujourd'hui le passage du Caire.

rien refuser, l'élection qui allait avoir lieu à Montmartre pour le remplacement de l'abbesse fut empêchée par le bon plaisir du roi qui se réserva exclusivement le droit de nommer à l'abbaye, et déposa en même temps Marguerite Havard.

Pour complaire à la duchesse de Valentinois, Henri II désigna et nomma Catherine de Clermont (1548). Elle était fille d'Antoine, vicomte de Clermont, bailli de Vienne, et d'Anne de Poitiers, sœur de Diane.

Dès l'enfance elle avait donné les marques de la plus tendre piété. A peine à l'âge de raison elle témoigna le désir d'embrasser la vie religieuse. Renonçant alors à tous les avantages que pouvait lui fournir la grandeur de sa naissance, elle prit l'habit de religion de l'ordre de Saint-Dominique, au monastère de Montfleury, en Auvergne. C'est de là que la duchesse de Valentinois, sa tante, la fit appeler par le roi pour succéder à l'abbesse Havard.

Les bulles de cette nomination ayant été obtenues de Rome, elle vint prendre l'habit de Saint-Benoît à l'abbaye de Saint-Pierre de Reims, et apprendre les cérémonies de l'ordre sous madame Renée, de Lorraine, et après quelques mois d'exercice elle vint faire sa profession à Montmarre, vers la fin de 1548.

L'année suivante elle négocia avec le domaine

du roi l'échange du bois de Boulogne, que François Ier avait fait clôre pour servir de parc au château de Madrid qu'il venait de bâtir. Ce ne fut pas sans peine qu'à la place de ce beau bois elle obtint un bois buisson appelé la *Mimère*, près le bourg de Croissy. L'abbaye en a eu la jouissance jusqu'à la fin du XVIIIe siècle.

En 1555, Mathieu de Longue-Joue, évêque de Soissons, qui possédait une maison et un jardin sur Montmartre, les donna à l'abbaye qui les comprit dans son enclos. Le bon évêque avait mis pour condition à sa libéralité que les religieuses se souvinssent de lui dans leurs prières, et qu'elles fissent tous les ans célébrer deux messes solennelles, l'une le 24 octobre, jour de sa naissance, l'autre à l'anniversaire de son décès, qui arriva deux ans après, le 7 septembre

En 1559, par suite de la négligence d'une religieuse, le feu prit dans un dortoir de l'abbaye. Favorisé par la violence du vent, il se communiqua bientôt à divers bâtimens et de là à la sacristie de l'église. Henri II, qui se promenait à ce moment dans sa galerie du Louvre (1), aperçut les flammes de cet incendie. Il envoya sur-le-champ une compagnie de Suisses pour porter du se-

(1) Cette particularité nous porte à faire observer qu'entre le Louvre et Montmartre il n'existait alors aucune construction tant soit peu considérable.

cours : malgré leur diligence, le mal fut considérable. Toutefois les saintes reliques furent sauvées. Il n'en fut pas de même des ornemens qui avaient autrefois (1147) servi à saint Bernard lorsqu'on fit la consécration de l'église, non plus que du Missel qui, dans cette mémorable cérémonie, servit au pape Eugène III. Ces précieux objets conservés avec tant de soin et de vénération furent consumés par le feu (1).

Les désastres de cet incendie mirent fort à l'étroit les religieuses qui alors étaient assez nombreuses.

L'abbesse dut s'occuper promptement de faire réparer les bâtimens. L'insuffisance de ses ressources l'obligea d'avoir recours au crédit de sa tante qui lui obtint du roi 40 écus et qui elle-même lui donna quatre cents livres.

Jusqu'en 1576, on ne trouve rien de remarquable dans les archives de l'abbaye. A cette époque Henri III la prit sous sa protection.

L'année suivante le pape Grégoire XIII, pour aider ce prince dans les entreprises contre la rébellion des calvinistes, lui permit par un bref de lever sur tous les biens ecclésiastiques du royaume la somme de quinze mille livres tournois, permet-

(1) C'est à cet incendie sans doute qu'on doit la destruction d'une partie du bas-côté droit de l'église, qui n'a pas été restauré.

tant à cet effet de vendre et d'aliéner, s'il était nécessaire, partie du temporel des églises jusqu'à la concurrence de cette somme. Dans cette circonstance l'abbaye de Montmartre fut taxée pour sa part de cotisation, par Pierre de Gondi, 109e évêque de Paris, à la somme de vingt écus sol. Pour acquitter cette taxe l'abbesse mit en vente un demi arpent de vigne, sis près la Chapelle; il fut adjugé le 8 février 1577.

Nous passons sous silence divers baux faits à différentes époques et qui ne renferment rien qui mérite d'être noté. Nous ne parlons pas non plus de quelques fondations de messes ou de services funèbres. Toutefois nous en signalerons une faite par Réné *Benoît*, lecteur ordinaire du roi, curé de Saint-Eustache à Paris, qui désirant de participer aux prières des religieuses, veut que deux messes soient chantées, l'une le 12 novembre, jour de saint Réné, l'autre le 14 octobre en l'honneur de saint Denis, et de plus que chacun de ces jours, à la fin des complies, le *De Profundis* soit aussi chanté. A cet effet, par contrat passé par devant Pierre Godeau, greffier et tabellion de la haute justice de Montmartre, le 20 novembre 1589, *Benoît* assigna sur ses biens une rente annuelle et perpétuelle de dix écus sol; laquelle néanmoins il rachète aussitôt par six vingts écus sol payés comptant avec obligation expresse de les mettre en fonds fructifiant au profit du monastère, ce qui fut accepté par l'abbesse Catherine de Clermont et ses religieuses. Cette somme fut depuis donnée en constitution pour en faire trente livres de rente perpétuelle, jusqu'au rachat, au nommé Barbe Goujon et ensuite à deux marchands du Palais, par contrat passé l'an 1610.

Cependant l'abbesse, qui depuis si long-temps gouvernait l'abbaye, sentant que l'âge affaiblissait ses facultés, demanda au roi la permission de s'adjoindre pour coadjutrice Elisabeth de Crussol, sa nièce. Cette demoiselle, jeune encore, avait été élevée dans le monastère. Sa tante espérait en l'associant à l'administration, lui préparer la survivance : nous verrons tout-à-l'heure qu'elle se trompa. Le roi toutefois agréa mademoiselle de Crussol pour coadjutrice, par brevet daté du camp de Gien le 29 septembre 1584.

Cinq ans après (1589), l'abbesse et la plupart des religieuses furent obligées de quitter le couvent et de se réfugier dans Paris.

Les environs de la capitale étaient couverts des troupes d'Henri III qui voulait en faire le siége et attaquer le duc de Mayenne qui y commandait en maître.

Au milieu de tant d'alarmes, l'abbesse, surprise par une violente maladie, réunit toutes ses religieuses autour de son lit. Elle les exhorta à la paix, à la concorde, à l'exacte observance de la règle, puis après leur avoir donné sa bénédiction, elle s'endormit dans le Seigneur le 11 de septembre, après un gouvernement de quarante années.

Quelques jours après, son corps fut transporté à Montmartre, et ses obsèques y furent célébrées avec pompe. Madame Louise de Lorraine, abbesse de Chelles, alors à Paris, vint lui rendre les derniers devoirs, diriger toutes les cérémonies et présider à toutes les prières récitées pour le repos de son âme. Ainsi que les abbesses qui l'avaient précédée, Catherine de Clermont fut inhumée au milieu du chœur des dames.

Au bas de l'épitaphe gravée sur la pierre qui couvrait la tombe, on lisait les quatre vers suivans :

> Voyez, passans, une funèbre chose,
> C'est que la mort l'écorce a dévêtu
> De cette dame, où demeurait enclose
> La chasteté, l'honneur et la vertu.

Quelque temps avant de mourir, Catherine de Clermont avait fait confirmer le brevet de coadjutrice de mademoiselle Crussol, qui n'était toujours que novice et qui ne voulant pas s'engager dans la condition religieuse laissa la conduite de l'abbaye entre les mains de CLAUDE DE BEAUVILLIERS, fille de Claude Beauvilliers, seigneur de

Saint-Aignan, et de Marie Babon de la Bourdoisière, et petite nièce de la défunte abbesse.

Dès l'âge de deux ans, élevée dans le monastère sous les yeux de sa grand'tante, on l'avait formée de bonne heure aux habitudes de la vie du cloître. En 1587 elle fit sa profession. Ses sœurs l'élurent supérieure en 1589.

Divers actes passés en son nom pour les biens temporels de l'abbaye, ainsi que la réception d'une professe, sont les titres authentiques prouvant qu'elle avait la qualité d'abbesse, et qu'on avait dérogé à son égard au nouvel ordre de nomination royale dont, à cause des troubles civils, elle ne put recevoir le brevet.

C'est durant le gouvernement de cette abbesse, qu'il faut nécessairement placer les scandaleux désordres qu'on dit avoir eu lieu (1590) lors du séjour d'Henri IV et de son armée sur la montagne, à l'époque du blocus de Paris.

Ces désordres, qui sont possibles, ont été exagérés par les satiriques et les mauvais plaisans, peut-être même aussi par les catholiques, en haine du Béarnais huguenot.

Nous ne disconvenons pas qu'il a pu alors se passer des faits plus ou moins graves dans le monastère. Toutefois nous ferons remarquer que Sauval, peu discret dans ces sortes de matières, ne parle de la légèreté de l'abbesse que comme d'un *on dit*, qu'il ne décline pas le nom de cette dame si galante, et pourtant il était contemporain. Quant à Marie de Beauvilliers, dont nous parlerons bientôt, il est certain que l'accusation portée contre elle par Piganiol de la Force, tombe tout naturellement, puisqu'elle ne fut abbesse qu'en 1598. Au reste, Dulaure dont le suffrage (à cause de sa haine bien connue pour les communautés religieuses) a quelque poids, a déjà vengé la mémoire de Marie de Beauvilliers de tout reproche, et dit comme nous, que si quelques fautes sont à imputer, il faut les mettre sur le compte de l'abbesse Claude.

Nous allons aujourd'hui, au moyen des pièces que nous avons en main, affaiblir, sinon détruire complètement cette scandaleuse tradition qui trouve encore beaucoup de crédit dans notre siècle, et laisse à penser que le monastère de Montmartre fut, en ces temps malheureux, tout-à-coup transformé en un lieu infâme où les religieuses se prêtaient avec une coupable complaisance, aux séductions d'Henri IV et de ses officiers. Voici donc ce que disent les archives du couvent :

« Lorsqu'Henri IV s'approcha de Paris pour
» le réduire, ses troupes campèrent à Montmar-
» tre. Il y braqua le canon qui battait la ville.
» Ce qu'ayant appris madame la maréchale

» d'Aumont, grand'mère de madame de Mont-
» martre, elle écrivit bien vite à sa fille, la mar-
» quise de Sourdis, alors à Paris, pour faire
» sortir l'abbesse, sa petite-fille, qu'elle mit en
» sûreté dans une de ses terres, et les jeunes
» religieuses à Paris. Les anciennes seules
» restèrent dans les lieux réguliers, entièrement
» séquestrées de la cour et des soldats.

» Le roi prit le logement de l'abbesse où il
» demeura, et, ajoute le mémoire, encore qu'il
» fût de la religion protestante, il eut un tel soin
» de l'abbaye qu'il ne lui fut fait aucun tort en
» quelque façon que ce fût. Il commanda à ses
» soldats d'accompagner ceux qui allaient quérir
» les provisions du monastère, pour que les reli-
» gieuses ne manquassent de rien. » Après cette
citation, nous laissons le lecteur juge de la vrai-
semblance des récits faits par les divers historiens
des environs de Paris. C'est à raison de ce séjour
dans l'abbaye qu'Henri IV, en plaisantant, se disait religieux de Montmartre. Un jour que ce
prince avait quitté Montmartre pour aller à Longchamps, le maréchal de Biron, que ses longs services avaient rendu familier, lui dit : « *Sire, il y a
bien des nouvelles.—Et quelles?* demanda le roi.—
C'est, continua le maréchal, *qu'on dit partout que
vous avez changé de religion.—Comment cela?* dit le
prince. — *De Montmartre à Longchamps*, ajouta

Biron. Le roi se mit à rire. *La rencontre n'est pas mauvaise*, dit-il. *S'ils voulaient se contenter de cela, je m'en contenterais bien aussi.* »

En ce temps on donnait aux couvens le nom de *religion*.

L'équivoque de cette conversation est dans le mot religion qui, dans ce temps, servait à nommer un couvent; ainsi on disait entrer en religion pour entrer au couvent.

Les troubles qui duraient depuis quelques années ayant empêché Claude de Beauvilliers d'obtenir du roi le brevet confirmant son élection à Montmartre, elle obtint, par le crédit de ses parens (1594), celui de l'abbaye aux Dames qui vint à vaquer.

Après l'abjuration d'Henri IV (1594), Paris se trouvant tout-à-fait pacifié et ses environs tranquilles, les religieuses rentrèrent à Montmartre. Bientôt elles s'y assemblèrent en chapitre et procédèrent au remplacement de Claude de Beauvilliers en élisant CATHERINE HAVARD.

D'une illustre origine et nièce de Catherine Havard, abbesse dont nous avons déjà parlé, elle avait été placée toute jeune dans le couvent auprès de sa tante, pour y être élevée dans la vertu et habituée à la vie religieuse. Elle se distingua par beaucoup de piété et fit profession de foi en 1545. La sagesse de sa conduite et ses grandes qualités l'appelèrent à remplir différentes charges et entre autres celle de dépositaire, ainsi qu'il appert d'un compte qu'elle rendit de sa gestion en présence du visiteur de l'abbaye. En 1594 ses sœurs la choisirent pour supérieure.

Je ne trouve dans les actes de son administration rien de remarquable, sinon le bail qu'elle fit du moulin aux Dames, qu'elle concéda à Martin Levignard, meunier, demeurant sur la paroisse Saint-Laurent, sous la condition de bien entretenir ledit moulin, de payer tous les ans à l'abbaye 48 livres, et de faire moudre tous les bleds qui devaient servir à la nourriture des religieuses et de leurs domestiques. Ces conditions bien arrêtées de part et d'autre, le bail a été passé par Jean Chappelain et Pierre Leroux, notaires au Châtelet de Paris.

L'abbesse Catherine Havard n'eut pas assez de crédit pour faire confirmer son élection par le roi. Vainement elle en sollicita le brevet.

A cette époque (1597) Henri IV cédant aux sollicitations de Pierre Forget, seigneur de Fresne et secrétaire d'état, qui avait épousé Anne de Beauvilliers, fille aînée de Claude de Beauvilliers, comte de Saint-Aignan, accorda le brevet de l'abbaye de Montmartre à **Marie de Beauvilliers**, sa belle-sœur, pour lors religieuse à l'abbaye de Beaumont, près Tours. Toutefois, à cause des guerres civiles qui désolaient la France, elle dut attendre ses bulles pendant deux années.

Nous allons dire quelques mots sur les premières années de la vie de Marie de Beauvilliers : elles offrent des particularités intéressantes. Nous avons aussi l'intention de nous étendre un peu longuement sur son compte comme abbesse, afin de bien faire connaître cette digne femme qu'on s'est plu à couvrir de tant de calomnies.

Elle naquit au château de Laferté-Imbert, le 25 avril 1574, et fut, dès le berceau, l'objet d'une protection toute divine; confiée à une nourrice que surprit tout-à-coup une fièvre délirante, elle faillit un jour périr de la main de celle même dans le sein de laquelle elle devait trouver la vie. Prise au milieu de la nuit par un transport violent, cette malheureuse nourrice se leva précipitamment, s'arma d'un couteau et allait s'en servir contre l'enfant qu'elle allaitait, lorsque la gouvernante, éveillée par le bruit de cette scène, que la nourrice accompagnait de cris effrayans, se précipita sur cette furieuse, la désarma, et par ce trait de courage sauva la vie à notre future abbesse. La nourrice, interrogée sur le motif de sa fureur, répondit qu'un fantôme lui était apparu pendant la nuit et l'avait armée du couteau en lui ordonnant de massacrer l'enfant : rêve ou folie, la nourrice fut chassée.

Marie était d'une faible complexion, mais, comme tous ceux de sa famille, d'une beauté remarquable et en quelque sorte héréditaire.

Son père, qui était gouverneur d'Angers, la plaça, dès l'âge de 7 ans, à l'abbaye du Perray, dans les environs de cette ville, dont sa tante maternelle était abbesse.

Elle y fut bientôt attaquée par une violente maladie qui fit long-temps craindre pour ses jours. Abandonnée par les médecins, elle ne dut son retour à la santé qu'à l'intercession de sainte Eutrope dont la relique est particulièrement honorée à Angers.

Marie était à peine guérie qu'elle perdit sa tante. Après la mort de l'abbesse du Perray, elle fut ramenée à la Bourdaisière, et y resta quelque temps auprès d'un de ses oncles, devenu son tuteur par suite de la mort de M. et de madame de Saint-Aignan, ses père et mère.

M. de la Bourdaisière avait grand crédit à la cour; il tenta d'obtenir du roi le brevet de l'abbaye du Perray pour sa pupille. Il échoua dans sa tentative parce qu'il ne put trouver de coadjuteur pour cette jeune personne. Le brevet fut donné à une religieuse, sœur d'un gentilhomme de ses amis. Marie de Beauvilliers, qui n'avait encore que douze ans, fut placée auprès d'une de ses grand'-tantes abbesse de Beaumont.

A peine arrivée dans ce monastère, elle fut atteinte d'une fièvre chaude qui donna beaucoup de crainte pour sa vie. Mais par de ferventes prières à la mère de Dieu, vénérée d'une manière toute particulière dans le couvent, sous le titre de Notre-Dame-des-Miracles, elle recouvra bientôt la santé.

Quand elle fut tout à fait rétablie, Marie, qui n'avait pas encore été baptisée, fut menée par son oncle à la Bourdaisière, pour y recevoir le sacrement de Baptême.

On apporta dans cette cérémonie religieuse beaucoup de magnificence. Une nombreuse et noble société était à cette occasion réunie au château. Parmi les seigneurs que la circonstance y avait appelés, se trouvait un jeune gentilhomme qui, frappé de la beauté de la jeune cathécumène, conçut le coupable projet de détruire en elle la vocation religieuse. Il ne réussit que trop, par les discours indiscrets et flatteurs, à jeter du trouble dans l'âme si candide de l'innocente Marie. Dès-lors elle fut en proie aux plus terribles agitations. Trop timide pour confier ses angoisses à qui que ce fût, elle n'eut recours qu'à Dieu, et long-temps, sans secours extérieurs, sans conseil contre les tourmens de son cœur, elle souffrit de violens combats. Ses beaux traits en étaient altérés et manifestaient un état vague et inquiet, dont sa tante, qui l'avait ramenée de Beaumont, ne pouvait deviner la cause. Marie, cependant, continuait à prier, à prier sans cesse, et Dieu, qui avait voulu l'éprouver, mit fin à ses tourmens. Sa mélancolie disparut tout-à-coup.

La mort presque subite d'une jeune sœur, âgée seulement de 24 ans, modèle de toutes les vertus, et qu'elle affectionnait bien tendrement, lui fit faire de sérieuses réflexions sur la brièveté de la vie, l'incertitude du moment de la mort, et les moyens de vivre sans la redouter. Marie reprit toute sa force de caractère : oubliant les perfides discours du gentilhomme, cause de tous ses tourmens, elle sentit renaître en elle ses premiers sentimens de piété ; son âme cessa d'être en proie à de mortelles angoisses, et, à compter de ce moment, elle s'affermit solidement dans la vocation religieuse.

Six mois après cet évènement, dont Dieu s'était servi pour produire en elle un si merveilleux changement et y exciter les élans de la plus ardente ferveur, elle fut complètement tranquillisée quand madame de Beauvilliers lui eut donné l'habit de religion, après lequel elle avait tant soupiré.

Sous la direction immédiate de cette vertueuse abbesse, notre jeune religieuse s'entretint constamment dans les salutaires habitudes de la régularité et de l'observance. A l'exemple de sa tante, elle assistait exactement à tous les offices, et ne dédaignait pas de s'asseoir au réfectoire avec ses autres sœurs. A quinze ans, déjà consommée dans les voies de la pénitence, elle commença son année de probation et continua de marcher généreusement vers une étonnante perfection. Soutenue par la grâce, elle put, malgré la faiblesse de sa complexion, supporter sans le moindre adoucissement toute la sévérité de la règle.

Son noviciat était fini ; Marie était sur le point de consommer son généreux sacrifice : de nouveaux combats, de nouvelles tentations viennent cependant contrarier en elle les heureuses influences de la grâce; mais Marie en triomphera.

La maréchale de Beaumont, sa grand'mère, qui n'approuvait pas la résolution de sa petite-fille, employa tous les moyens humains et tout ce que l'esprit du monde peut suggérer d'astuce et de séduction flatteuse, afin d'ébranler la jeune Marie. Tous ses efforts furent sans résultat. Marie, ferme et solidement établie dans sa vocation, répondit à sa grand'mère avec toute la convenance d'une fille respectueuse, et lui déclara qu'elle était inébranlablement arrêtée dans son pieux dessein. Enflammée plus violemment encore par la sorte de guerre qu'on lui faisait en même temps, que chagrinée par toutes ces persécutions, elle se jeta, pleine d'une sainte confiance, au pied de l'autel de Notre-Dame-des-Miracles et y implora, avec d'abondantes larmes, l'assistance de la consolatrice des affligés: sa toute-puissante patronne ne l'abandonna pas.

Un certain jour, c'était le cinquième dimanche après Pâques, quand elle eut médité sur ces encourageantes paroles de Notre Seigneur, qu'elle avait lues à la messe : *Tout ce que vous demanderez à mon père, en mon nom, vous l'obtiendrez*, elle se sentit remplie d'une assurance extraordinaire, et certaine que tous les obstacles allaient être renversés, elle écrivit aussitôt à sa grand'mère une lettre si touchante, que cette dame, jusqu'alors si opposée à la vocation de sa fille, non seulement envoya son consentement, mais encore obtint celui de ses frères, et les envoya bien vite à la jeune Marie.

L'abbesse, sa tante, disposa tout pour la profession si ardemment désirée. Enfin, le 12 juin 1590, jour de Saint-Barnabé, elle prononça ses vœux en présence du cardinal de Vendôme, de l'évêque de Nantes, son oncle, de Philippe du Bec (qui fut depuis archevêque de Reims), et de beaucoup d'autres personnages de haute distinction. Marie n'avait alors que seize ans. Jusqu'en 1598 elle fit l'édification de ses compagnes, dont elle était l'exemple par sa régularité et sa ferveur, et donna dans diverses circonstances les preuves de la plus parfaite humilité.

Ainsi qu'on doit se le rappeler, Catherine de Havard, élue par ses sœurs, ne put obtenir le brevet de l'abbaye. M. Pierre Forget, seigneur de Fresne, beau-frère, par sa femme, de Marie de Beauvilliers, obtint du roi ce brevet (1598) pour sa belle-sœur, qui n'était âgée que de vingt-quatre ans.

Elle arriva de l'abbaye de Beaumont à celle de Montmartre le 7 février 1598. Après avoir, à cause des guerres civiles qui alors désolaient la France, attendu ses bulles pendant près de deux années, elle fut bénie le dimanche dans l'octave de l'Epiphanie, 7 janvier 1601, par messire François d'Escoubleau, cardinal de Sourdis, son cousin germain. La marquise de Sourdis et la comtesse de Sagonne, ses cousines, lui servirent d'assistantes. Le père *Anne* de Joyeuse, capucin, prononça le sermon d'usage.

Nous l'avons montrée dès son berceau jusqu'à son élévation, cette femme qu'on a présentée comme une courtisane dissolue et dont on a bien voulu faire ensuite une Madeleine pénitente. **Nous avons dit la vérité.**

La seconde réformatrice de Montmartre, celle que Dieu avait choisie pour y ramener les saintes pratiques oubliées et pour faire rentrer dans le devoir les religieuses qui, malheureusement, s'en étaient écartées, toujours fidèle à ses devoirs, même au milieu des tentations et des assauts de la séduction, n'avait jamais perdu de vue l'austère accomplissement de l'observance de sa religieuse vocation. Et ne fallait-il pas qu'il en fût ainsi pour une si difficile entreprise? Comment, sans vertu, oser rester à la tête de soixante religieuses toutes animées de l'esprit du monde, la plupart résolues à ne pas revenir de leurs préjugés, et soutenues dans cette coupable résolution, nous sommes obligés d'en convenir, par de grands personnages, peut-être même par les plus puissans!

Marie de Beauvilliers ne se dissimula pas les difficultés; elle en triompha par sa fermeté et sa patience. Elle trouva dans son génie supérieur, et plus encore dans sa confiance en Dieu, qu'elle ne cessait de prier, cette force énergique qui tint bon contre les plus opiniâtres, en même temps que cette douceur et cette complaisante charité dont elle se servit pour échauffer les tièdes et les amener toutes, par ses insinuations autant que par ses exemples, à l'observance d'une règle depuis longtemps méprisée. Marie de Beauvilliers composa, pour l'instruction de ses religieuses, un livre excellent, et qui était la base de tous ses entretiens avec elles. Conservé manuscrit dans le monastère, ce livre a échappé aux ravages de la révolution (1).

Pour se faire une idée du bien qu'elle produisit, il faut apprendre de sa propre bouche quel était l'état de la communauté lorsqu'elle en prit l'administration. « Peu de religieuses chantaient l'office, les moins déréglées travaillaient pour vivre et mouraient presque de faim, les jeunes faisaient les coquettes, les vieilles allaient garder les vaches et servaient de confidentes aux jeunes. » Aussi fallut-il dix ans et le concours des plus saints personnages de l'époque pour que la bonne abbesse pût tout faire rentrer dans l'ordre.

A ces détails, que Sauval déclare avoir reçus de Marie de Beauvilliers, ajouterons-nous ce que dit le même historien, et à quoi il ne donne pas la même autorité. C'est que les religieuses empoisonnèrent leur pieuse réformatrice, mais qu'un contre-poison administré à propos lui sauva la vie. Il attribue à cet accident déplorable la faiblesse de santé que Marie conserva jusqu'à la fin de ses jours. Mais nous avons fait remarquer que

(1) Il a été imprimé dans ces derniers temps par les soins de M. Gaudreau, curé de Vaugirard, à Paris, chez Toulouse; il a pour titre: *Conférences d'une supérieure avec ses religieuses*, etc.

dès le jeune âge sa complexion avait toujours été délicate, et que de graves maladies n'avaient pas peu contribué à entretenir ce maladif état que perpétuait encore en elle l'austérité de sa vie.

L'administration de Marie de Beauvilliers fut très longue : aussi, après avoir, pendant trente-cinq années, travaillé au bien spirituel et temporel de la communauté, se sentant épuisée et sans force, demanda-t-elle une coadjutrice, ce qui lui fut accordé. On lui en laissa le choix. Elle le porta sur une de ses parentes, Henriette-Catherine de Beauvilliers, qui, depuis long-temps déjà, quoique bien jeune, était l'édification du couvent. Louis XIII lui accorda le brevet de sa coadjutorerie le 31 mars 1633, et ses bulles ayant été expédiées de Rome presque aussitôt, elle entra en fonctions. Une mort prématurée enleva cette jeune coadjutrice le 15 septembre de l'année suivante.

Cet évènement plongea le monastère dans la désolation ; l'abbesse en fut particulièrement accablée ; toutefois elle reprit avec résignation le lourd fardeau de son emploi, jusqu'à ce que Césarine-Henriette d'Escoubleau, fille de Charles d'Escoubleau, marquis de Sourdis, lui fut accordée pour nouvelle coadjutrice, ce qu'elle obtint du roi le 22 janvier 1638.

Ce choix était excellent. La jeunesse de la

sœur Henriette permettait d'espérer pour de longues années une administration sans lacune. Dieu, encore une fois, trompa toutes les espérances. Une violente maladie surprit bientôt la jeune coadjutrice, et l'enleva de ce monde, le 18 janvier 1643, n'ayant que 22 ans.

Marie de Beauvilliers supporta avec sa soumission ordinaire la nouvelle épreuve que lui envoyait la Providence. Elle ne désigna plus personne pour la suppléer, et attendit que Dieu lui-même envoyât celle qui devait supporter pour elle ou avec elle la charge de l'administration. Se dépouillant donc de toute affection particulière, ou préférence de famille ou d'amitié, ce fut dans la prière seule qu'elle demanda à Dieu les secours nécessaires pour la direction de la communauté, tandis que, de leur côté, ses sœurs suppliaient le Seigneur de leur venir en aide, et de leur envoyer une mère capable de remplacer dignement dans ses fonctions la bonne abbesse à qui son grand âge les rendait trop pénibles.

Enfin, après une année tout entière de supplications, de vœux et de pélerinages, une coadjutrice fut désignée ; femme d'une grande capacité qui sut porter dans le monastère la régularité à sa perfection et achever ce que Marie de Beauvilliers avait si heureusement commencé. Cette dernière vécut encore pendant treize ans, mais à compter de ce moment, elle se condamna à la retraite, et laissa le soin de l'administration à FRANÇOISE RENÉE DE LORRAINE, coadjutrice appelée à lui succéder.

Fille de Charles de Lorraine, duc de Guise, et de Henriette Catherine, duchesse de Joyeuse, comtesse du Bouchage, veuve en premières noces de Henri de Bourbon, duc de Montpensier, cette religieuse, par la noblesse de son sang et les alliances de sa famille, était la plus haute illustration qu'on pût mettre à la tête d'une communauté.

Dès l'âge de cinq mois, placée dans l'abbaye de Saint-Pierre de Reims, elle y avait pris l'habit de religion à treize ans. Après les années de probation, ayant fait sa profession à l'abbaye de Jouarre, entre les mains de Jeanne de Lorraine, sa tante (1637), elle fut rappelée avec instance par l'abbesse de Saint-Pierre, et revint coadjutrice à Reims. Peu de temps après, l'abbesse étant morte, elle gouverna l'abbaye pendant cinq ans.

En 1644, la reine Anne d'Autriche, cédant aux sollicitations qui lui étaient faites, et d'ailleurs jalouse d'avoir auprès d'elle une dame si pieuse et qu'elle aimait beaucoup, obtint pour Renée le brevet de l'abbaye de Montmartre.

Françoise de Lorraine donnant aussitôt, au grand regret de sa communauté, la démission de sa charge, se rendit à Montmartre, où elle entra le 21 août de cette même année, avec quatre religieuses de Saint-Pierre qui furent associées à la nouvelle abbaye.

Innocent X lui expédia ses bulles, qui arrivèrent juste le 4 d'octobre, jour de Saint-François, patron de la religieuse princesse. Le 12 décembre suivant, elle fut mise en possession de la coadjutorerie de Montmartre.

L'arrivée de madame de Lorraine fut une bonne fortune pour l'abbaye. Elle amenait avec elle les princesses de Chevreuse, ses cousines germaines, qui embrassèrent la vie du cloître, et firent toutes deux profession entre les mains de Marie de Beauvilliers, l'aînée, Marie de Lorraine, le 5 juin 1647, et Henriette, la cadette, le 18 décembre suivant.

Ces deux circonstances apportèrent d'abord à l'abbaye deux dots de chacune quarante mille francs, et, de plus, deux magnifiques ornemens complets, d'un grand et riche travail; l'un en brocart d'or et d'argent à fleurons d'or, l'autre en velours noir, rehaussé du blason de ces dames, dont Marie de Rohan, duchesse de Chevreuse, leur mère, fit présent au monastère.

La princesse Marie fit imprimer à ses frais les

livres de chant et le propre des offices de l'abbaye. Les religieuses durent à cette munificence, d'avoir chacune une espèce de bréviaire, avantage dont elles n'avaient jamais joui auparavant.

Nous rappellerons ce que nous avons dit dans l'histoire générale de Montmartre : c'est madame Renée qui trouva les moyens, avec l'assistance de madame la princesse de Guise, sa mère, de faire construire entre le prieuré du Martyre, situé au bas de la colline, vers Paris, et l'ancien monastère du haut de la butte, une galerie couverte d'environ six cents pas, qui permit désormais une communication facile entre ces deux parties du couvent.

Madame de Guise, mère de l'abbesse, fit, vers l'an 1654, élever un riche mausolée pour renfermer le cœur de son mari, Charles de Lorraine, duc de Guise, mort le dernier jour de novembre 1611, et qui depuis lors était déposé à Montmartre. Ce monument remarquable ornait l'église de l'abbaye.

C'est sans doute à cette particularité et au pieux souvenir qu'elle gardait pour son défunt mari, que Montmartre dut une partie des libéralités de cette grande princesse, qui ajouta encore à ses premiers dons celui d'un buffet d'orgues et de deux paremens d'étoffe en broeart d'or et d'argent, venant d'Italie, et devant servir à la décoration des chapelles dans les grandes solennités. Sa munificence ne devait pas s'arrêter là. Elle avait formé le projet de faire reconstruire les bâtimens du couvent; mais sa mort (1656) en empêcha l'exécution. Toutefois elle légua à sa fille une somme très considérable, qui lui permit d'entreprendre ces constructions.

L'année suivante, la coadjutrice, que la mort de sa mère avait beaucoup affligée, eut la douleur de perdre l'abbesse Marie de Beauvilliers, qui décéda le 21 avril 1667.

Renée de Lorraine, devenue dès-lors abbesse de Montmartre, fut bénie, le 24 mai suivant, par le cardinal-archevêque de Reims, grand-aumônier de France.

On déploya beaucoup de magnificence dans cette grande cérémonie, à laquelle toute la cour assista. Les frais en furent faits avec une grande générosité par Henri de Lorraine, duc de Guise, qui fit présent à sa sœur d'une magnifique crosse de vermeil doré, du poids énorme de 35 à 36 marcs (1) et d'un travail achevé; il lui donna aussi un anneau très précieux.

Les richesses immenses de la famille de Guise ont, pendant la durée des fonctions de l'abbesse

(1) 8 à 9 kilos.

Renée, singulièrement contribué à la prospérité de la communauté, qui désormais n'éprouva aucun besoin.

Le bien-être dont toutes les religieuses jouirent durant son administration, ne contribua pas peu à les maintenir dans l'observance régulière de leurs devoirs. Elles n'avaient plus, comme autrefois, besoin de songer aux indispensables nécessités de la vie.

L'abbesse donna à l'église un magnifique soleil en or, enrichi de brillans, et des vases sacrés d'un grand prix.

Sous son administration, l'abbaye rentra dans la possession de divers biens aliénés par ses devancières. Au nombre de ces biens, on cite entre autres le fief du *Bel-Air* qui, par la description que nous en avons sous les yeux, devait être situé à mi-côte, où sont maintenant les pâtés de maisons, entre le boulevart extérieur et le vieux chemin, vers le passage des Beaux-Arts.

Elle réunit aussi au domaine de l'abbaye tous les biens du Gâtinais, aliénés, ainsi que ceux du Bourg-la-Reine.

C'est avec grande peine qu'elle opéra ces rentrées, auxquelles elle ajouta de nouvelles acquisitions. Toute sa fortune fut sacrifiée dans ces diverses transactions, et, quoiqu'elle fût considérable, elle aurait été insuffisante, sans les libéralités de sa famille, dont pendant vingt-cinq années elle ne reçut pas moins de soixante mille écus. Cette somme importante lui permit de faire des achats successifs fort avantageux, au moyen desquels elle assura de bons revenus à sa communauté.

Au milieu de ces grands travaux (1664), l'abbesse eut la douleur de perdre son père. Nous ne parlons de cet évènement, étranger à notre sujet, que parce qu'Henri de Lorraine légua au monastère de Montmartre, afin d'avoir part aux prières des religieuses, une somme de dix mille écus, destinée à la réception de trois demoiselles dans la communauté.

La reine Anne d'Autriche, à qui Renée de Lorraine devait d'être abbesse de Montmartre, avait toujours témoigné une grande affection à sa protégée. Elle l'honorait d'une amitié particulière, et avait en même temps, pour le couvent lui-même, une sorte de dévotion.

Souvent cette pieuse princesse venait sans bruit se recueillir dans la chapelle de Montmartre, et chaque fois faisait une visite à l'abbesse. En toute circonstance, elle l'aida de son puissant crédit.

Sous sa régence, le droit de *franc-salé* avait été rendu au monastère par lettres-patentes de l'an 1647. En reconnaissance de cette faveur, les religieuses s'obligèrent à réciter à perpétuité les litanies de la Sainte-Vierge, pour la prospérité de la famille royale.

Les bâtimens de l'antique monastère, dont nous avons déjà signalé le délabrement, étaient enfin arrivés à un tel état de ruine, que l'abbesse Renée présenta (1681) à Louis XIV une requête pour en obtenir la reconstruction totale, alléguant que les ressources de l'abbaye ne permettaient pas qu'elle se chargeât seule d'une aussi considérable dépense. Le roi accueillit favorablement la requête, et accorda tout d'abord un don de cinquante mille écus.

La construction d'un nouveau monastère fut donc commencée sous l'administration de cette illustre abbesse qui, laissant dans sa communauté d'impérissables souvenirs, mourut le 4 décembre 1682.

Depuis que le brevet de l'abbaye de Montmartre est à la nomination royale (1560), on a dû remarquer qu'elle a toujours été gouvernée par des dames de familles nobles. Nous devons également noter que toutes avaient été, dès leur plus tendre enfance, élevées dans des monastères, et n'avaient jamais vécu dans le monde, ce qui semblerait prouver que, dès le berceau, on dirigeait leurs idées et leurs habitudes vers le goût de la vie monastique. Nous n'ajouterons rien à cette dernière remarque.

Marie-Anne d'Harcourt, de la maison de Lorraine, qui succéda à la princesse de Guise, était entrée à Montmartre dès l'âge de quatre ans et demi. Bien dirigée par la défunte abbesse, sa parente, elle avança promptement dans le chemin de la piété. De bonne heure, elle se montra pénétrée d'un esprit de religion qui ne l'abandonna jamais, et renonçant pour Dieu aux avantages que le monde offre ordinairement à une personne favorisée de la plus haute naissance et douée de tous les agrémens du corps et de l'esprit, elle fit profession à 18 ans, le 31 juillet 1676.

Si, quoique fille du prince François de Lorraine, comte d'Harcourt, et d'Anne d'Ornant, elle ne put augmenter les richesses du monastère et son bien-être temporel, elle s'appliqua du moins à y soutenir et accroître toutes les vertus dont elle était elle-même le plus bel exemple.

Louis XIV la breveta le 26 novembre 1683. L'humilité la portait à préférer la dépendance et la soumission aux honneurs de la supériorité et de l'autorité ; aussi, fut-ce avec plus de résignation que de contentement qu'elle accepta sa nomination.

Malgré la faiblesse de son tempérament et les

fréquentes indispositions qui en étaient la conséquence, elle sut, par son énergie, suppléer aux forces qui lui manquaient, et remplir toutes les obligations de sa charge, sans adoucir en quoi que ce soit la sévérité de l'observance.

Cette abbesse, en même temps qu'elle était la plus édifiante des religieuses, était aussi une des femmes les plus instruites de son siècle; chez elle, la plus haute science se joignait à un esprit très distingué.

Mademoiselle Henriette de Guise, cousine de la défunte abbesse, et dont nous avons déjà parlé plus haut, donna à l'abbaye (1685) un morceau assez considérable du bois de la vraie Croix. Elle fit aussi une donation de 1,200 livres de rente perpétuelle pour la fondation de deux messes à dire tous les jours, l'une de la Sainte-Croix, l'autre de la Sainte-Vierge.

Cette vertueuse et libérale personne, qui avait tant fait de bien au couvent durant l'administration de sa parente, mourut à Montmartre le 5 mars 1688, laissant par testament, à l'abbaye, la somme de 150 mille francs, à employer, partie en acquêts de terre et partie à doter vingt demoiselles. Ce legs et cette donation furent confirmés par arrêt du parlement (1697), sous la condition que l'abbaye ne pourrait jouir des sommes léguées, qu'après l'extinction de quantité de rentes viagères faites par la pieuse défunte.

Cette même demoiselle de Guise avait fait chanter à ses frais, le 20 janvier 1687, un *Te Deum* solennel dans l'église de l'abbaye, pour le rétablissement de la santé de Louis XIV. Le cardinal nonce du pape y officia pontificalement en présence de Monsieur, frère unique du roi, des princes du sang et de toute la cour.

Les nouveaux bâtimens commencés vers 1681, après cinq ans de travaux, furent achevés. En vertu de la permission obtenue antérieurement de M. François de Harlay, 5e archevêque de Paris, la communauté de Montmartre fut réunie à celle du Martyre.

Cette réunion eut lieu le 8 décembre 1686, jour de la Conception, après midi. L'official de Paris se transporta à l'abbaye pour bénir le grand autel, et après la bénédiction, les vêpres furent chantés pour la première fois, dans la chapelle du nouveau couvent.

Le 22 avril 1697, madame d'Harcourt fut bénite abbesse par Antoine de Noailles, 6e archevêque de Paris. Pour des motifs qui lui étaient personnels, la noble dame avait elle-même prorogé, à cette époque, la célébration de cette importante cérémonie.

La même année, comme curé primitif de

Montmartre et ayant à ce titre charge de l'instruction de ses paroissiens, elle obtint du même archevêque une mission de cinq prêtres, dirigée par M. Leblond, bénéficier de Notre-Dame, docteur de Sorbonne. Les exercices de cette mission eurent un grand succès et produisirent beaucoup de bien chez les habitans de Montmartre, des Porcherons et de Clignancourt. La clôture en fut faite par une procession extérieure et solennelle présidée par M. de Noailles.

Le 29 octobre 1699, âgée seulement de 42 ans, madame d'Harcourt, autant épuisée par son application aux grandes études que par ses austérités et les soins de sa charge, mourut paisiblement après de bien vives douleurs supportées depuis long-temps avec une patience et un calme inaltérables.

Son corps fut déposé dans la cave Saint-Denis, située sous le couvent, près de la chapelle du Martyre, en attendant qu'il fût porté dans le caveau des abbesses, sous le chœur des Dames.

Une noble famille qui, un demi-siècle plus tard, donna un premier pasteur au diocèse de Paris, va nous fournir une abbesse pour succéder à madame d'Harcourt.

MARIE-ELÉONORE GIGAULT DE BELLEFOND, issue de Bernardin Gigault de Bellefond, maréchal de France, et de Madeleine Fouquet, fut, comme les dernières dames dont nous avons parlé, placée avant l'âge de cinq ans auprès de sa tante paternelle, abbesse de Montivilliers. Douée d'un excellent naturel, elle montra dès ce jeune âge les heureux germes des vertus qui devaient un jour briller en elle d'un si pur éclat. Son éducation fut aussi soignée que celle d'un homme. Elle apprit les langues anciennes et y fit de remarquables progrès. Malgré le haut degré d'instruction où bientôt elle parvint, elle n'en resta pas moins et toujours un vrai modèle d'humilité.

La vocation religieuse s'était si fortement prononcée chez elle, qu'elle refusa constamment divers partis séduisans, que son père lui proposa.

A peine âgée de quinze ans, le 2 février 1674, elle commença son noviciat et prit le voile le 28 octobre suivant. Ferme dans sa résolution d'abandonner pour jamais le monde, elle fit profession le jour de la Toussaint, 1675.

Distinguée bientôt pour sa piété et son exactitude, et surtout pour la capacité qu'elle déploya dans les emplois qui lui furent confiés; le 24 janvier 1684 elle fut, n'ayant encore que 24 ans, appelée au gouvernement du monastère de Notre-Dame-des-Anges, dit de Bellefond, près Rouen.

Pendant seize ans elle gouverna cette communauté avec le plus grand ordre. Elle édifiait ses sœurs par ses vertus et sa douce piété, aussi la chérissaient-elles comme leur mère et apprirent-elles avec le plus grand regret sa nomination à l'abbaye de Montmartre, qu'elle-même n'accepta qu'avec beaucoup de chagrin en 1699.

En attendant ses bulles, pour se préparer d'une manière toute particulière à l'accomplissement de ses nouvelles fonctions et s'avancer encore dans la ferveur de la dévotion, elle se retira pendant quelque temps chez sa sœur, supérieure à Conflans. C'est de cette sainte retraite que le 13 juillet 1700 elle arriva à Montmartre, où elle eut bientôt gagné tous les cœurs.

L'administration de cette abbesse fut bien pénible sous le rapport financier. La communauté avait beaucoup de dettes arriérées, reliquat des dépenses considérables qu'avait occasionnées depuis madame de Guise la construction des nouveaux bâtimens. Aussi fut-elle obligée, non seulement d'aliéner quelques biens, mais encore de vendre toutes les possessions du Bourg-la-Reine, pour payer les droits d'amortissement de la seigneurie de Clignancourt, qui fut vendue à M. du Maine pour cinq mille cinq cents francs.

Par son crédit et ses sollicitations pressantes, elle sut, dans les fâcheuses circonstances où elle se trouva, obtenir divers dons ou secours, entre lesquels nous nous contenterons de signaler ceux qui servent à montrer l'esprit de l'époque.

1° 4,000 francs sur les bons non réclamés des loteries ;

2° 20,000 francs sur les loteries de la Conception.

Elle employa ces sommes au paiement des dettes les plus pressantes. Ajoutons que, malgré sa grande influence et ses efforts, elle ne put obtenir une loterie pour son propre compte.

Madame de Bellefond était si grandement estimée à la cour, que le duc d'Orléans, régent, lui donna sa fille pour pensionnaire. La jeune princesse entra à Montmartre le 17 octobre 1715, elle avait alors dix-sept ans. Deux ans après elle passa au Val-de-Grâce, auprès de Mademoiselle de Valois sa sœur.

La régente elle-même avait en ce temps un appartement à l'abbaye de Montmartre, où elle venait se recueillir pendant quelques jours aux grandes fêtes de l'année, et pendant la semaine sainte toute entière. Cette pieuse coutume, que Madame d'Orléans garda plusieurs années, ne fut pas sans profit pour le monastère, dont elle paya plus d'une fois les réparations.

Madame de Bellefond fut véritablement la mère de ses religieuses. Dans les jours de disette, elle les nourrit de son propre bien et dépensa aussi pour elles tout ce que, pendant son exercice, elle put tirer de sa famille.

Après une longue maladie, elle mourut le 28 août 1717, âgée de cinquante-huit ans et huit mois. Elle ne fut pas, comme ses devancières, enterrée dans le chœur des Dames, mais dans la cave du Martyre.

Une noble demoiselle élevée auprès de sa tante, abbesse de Fontevrault, où ses parens l'avaient placée dès l'âge de huit ans, et où comme Madame de Bellefond, elle fut non seulement élevée dans les pratiques religieuses, mais encore instruite dans l'étude des langues et des sciences humaines, se vit alors appelée au gouvernement de Montmartre.

MARGUERITE DE ROCHECHOUART DE MONPIPEAU, destinée par ses père et mère à la vie monastique, fut heureusement douée de toutes les qualités qui font les bonnes religieuses. Douce piété, soumission, amour de l'étude et de la retraite, tout s'unissait en elle pour lui rendre la vie du cloître agréable. Savante, elle joignait à la connaissance du grec et du latin qu'on lui avait fait apprendre, une science profonde des saintes Écritures et une saine philosophie qui lui faisait facilement mépriser un monde où tout n'est qu'illusion et déception.

Quoique nous ayons dit qu'elle était destinée au

couvent, c'est en pleine liberté et sans contrainte qu'elle y resta, puisqu'elle prononça ses vœux après une année de noviciat, le 26 novembre 1690, âgée de vingt-cinq ans, n'ayant plus, depuis quelques années, son père ni sa mère.

Il y avait déjà treize ans qu'elle était grande prieure de Fontevraut quand le choix royal l'appela à succéder à Madame de Bellefond; elle refusa avec une extrême modestie une si haute fonction; il fallut même les ordres exprès du régent pour la décider à l'acceptation du brevet de l'abbaye.

Madame de Rochechouart prit possession de l'abbaye de Montmartre le 14 février 1718. Cependant, à cause des grands travaux qu'on exécutait alors dans les bâtimens du monastère, elle n'y prit pas aussitôt domicile. Pendant quelque temps, elle demeura au couvent des Filles-Dieu, à Paris, et de là elle gouvernait la communauté, qu'elle visitait fréquemment.

S'occupant avec fruit du temporel de l'abbaye, elle obtint de M. de Noailles, archevêque de Paris, dix mille francs que ce cardinal avait reçus pour les employer à des œuvres pieuses, et qu'elle affecta au paiement des décimes que devait l'abbaye.

Elle obtint du parlement un arrêt contre la cure de Saint-Laurent, dont les titulaires, depuis soixante ans, cherchaient à se soustraire à l'autorité de l'abbaye dont ils envahissaient les droits curiaux.

Elle soutint divers procès; entre autres contre Messieurs de Sainte-Geneviève, contre le curé de Montmartre et contre les habitans d'Herbauvilliers; elle gagna tous ces procès et affermit ainsi le bien-être temporel de son couvent.

Pour maintenir en ordre et conserver tous les titres de l'abbaye, elle en fit faire un inventaire et un classement régulier, et établit un cabinet des archives. C'est au soin qu'elle prit de toutes ces pièces antiques et aux copies qu'elle fit faire de celles que le temps avait en partie détruites, que nous devons toutes les particularités que nous avons mises sous les yeux du lecteur.

Elle améliora considérablement l'état intérieur du couvent, dont elle embellit les bâtimens et fit assainir les logemens; elle défricha quelques terres dans les bas-clos pour faire un potager, et planta des allées d'arbres sur la terrasse.

Après tous ces embellissemens terminés, elle eut l'honneur de recevoir la visite du jeune roi Louis XV, qui prit plaisir à jouer sur la terrasse. Ce ne fut pas la seule grande visite qu'elle reçut : le régent, les princes et les princesses vinrent tour-à-tour faire station à Montmartre et admirer la bonne tenue de l'abbaye.

A l'époque du système de Law, elle sut obtenir

des bonnes graces de la duchesse d'Orléans, dix actions qui lui produisirent trente-neuf mille livres en papier. Avec une partie de cette somme elle remboursa trente-trois mille livres de dettes antérieures à son arrivée à l'abbaye, et dont les intérêts s'accumulaient. Toutefois, le système fut loin d'être favorable au couvent; bien au contraire, le remboursement des rentes (1727) et les réductions au denier quarante, qui en furent les tristes résultats, réduisirent l'abbaye à un tel état de dénuement, que, malgré les économies et les grandes réformes que l'abbesse s'efforça de faire dans les dépenses de la maison, elle se vit contrainte d'employer tout son crédit et l'influence du cardinal de Fleury en même temps que l'intermédiaire de M. Héraut, lieutenant de police, pour obtenir quelques secours. Après bien des sollicitations, il lui fut accordé douze mille livres de rente annuelle sur les loteries instituées cette même année pour le soulagement des communautés religieuses.

Enfin, après de grands travaux et une vie tout entière consacrée au service de Dieu, elle succomba dans une crise néphrétique, le 22 octobre 1727, après neuf ans d'administration; le 24, elle fut inhumée dans la cave Saint-Denis.

Louise-Émilie de la Tour d'Auvergne, fille de Frédéric de la Tour, comte d'Auvergne, et d'Henriette-Françoise de Hohenzollern, abbesse de Villers-Cotterets depuis vingt ans, succéda immédiatement à Madame de Rochechouart. Elle prit possession de Montmartre en novembre 1727.

Peu d'événemens se passèrent sous son administration bien réglée et dans un temps où un calme plat, précurseur de grands maux, régnait dans les affaires générales. Les finances de l'abbaye s'améliorèrent un peu par ses soins ; elle aurait pu faire beaucoup de bien, mais devenue subitement paralytique avant sept années d'exercice, elle abdiqua en février 1735, et vint vivre en solitude à Paris, au Cherche-Midi, où elle mourut le 1er juin 1737.

Au mois de mars, le roi Louis XV nomma, pour lui succéder, CATHERINE DE LAROCHEFOUCAULD COUSAGE, abbesse de Saint-Jean-Baptiste de Buxo, près Orléans.

Cette nouvelle abbesse entra en exercice le 8 juillet suivant. Pendant vingt-cinq ans elle gouverna son monastère avec habileté et l'édifia par de grandes vertus. Elle sut le préserver de la contagion d'un siècle que l'esprit de philosophisme corrompait chaque jour d'une manière si déplorable, et mourut en 1760, regrettée de toutes ses religieuses ; son corps fut inhumé sous le chœur des Dames.

La pierre qui couvrait sa sépulture, après avoir été enlevée à l'époque de la révolution de dessus sa tombe et considérée comme éparse, a depuis été sciée en deux dans sa longueur; chacune de ces parties sert aujourd'hui de degré collatéral à chacun des angles du maître autel de la paroisse; l'inscription gravée en creux y est encore très lisible.

L'année même de la mort de Madame de la Rochefoucauld, MARIE-LOUISE DE LAVAL, duchesse de Montmorency, fut appelée à lui succéder dans l'administration de l'abbaye de Montmartre. Elevée de bonne heure dans la pratique des vertus chrétiennes, on la destina dès l'enfance à l'état religieux. Nous avons quelques raisons de penser que depuis quelque temps déjà elle avait fait profession dans le monastère dont elle allait prendre le gouvernement, n'ayant pas encore 34 ans.

Elle sut conduire sa communauté avec une grande intelligence et se concilier l'affection de toutes ses sœurs, qui l'aimaient comme une véritable mère.

Elle eut peu à faire pendant les premières années de son exercice. La sagesse de ses deux devancières et le bon ordre qui en avait été le résultat, avaient placé l'abbaye dans une sorte de prospérité financière que Marie n'eut qu'à maintenir.

Le pensionnat justifiant la confiance que son haut patronage inspirait, était le rendez-vous des demoiselles des plus grandes familles. Les bénéfices qu'il produisait ne contribuaient pas peu à entretenir l'aisance dans la communauté; il la rendait célèbre et continuait à perpétuer son illustration.

Parmi les jeunes personnes qui, dans les derniers temps, y furent élevées, on se plaît à citer la fille du duc de Penthièvre qui, plus tard, épousa le duc d'Orléans, père de Louis-Philippe, roi actuel des Français.

Mais des jours mauvais s'étaient levés sur la France : Un décret de l'assemblée nationale du 13 février 1790, rendu sur le rapport de l'abbé de Montesquiou, avait supprimé tous les ordres et toutes les congrégations religieuses, et refusait de reconnaître les vœux monastiques solennels de l'un ni de l'autre sexe. En vertu de ce décret, les religieuses de Montmartre furent expulsées de leur couvent le 14 août 1791, après toutefois que le gouvernement d'alors eut inventorié tout le mobilier sur lequel il mit le séquestre.

L'abbesse et les sœurs sortirent donc du couvent la veille de l'Assomption, n'emportant chacune absolument que ce qu'elle avait sur elle, et cherchant refuge chez des amis ou chez des étrangers.

Madame de Montmorency se retira à Saint-Denis avec quelques-unes de ses compagnes.

Comme indemnité des biens dont elle les avait dépouillées, l'assemblée nationale avait accordé aux religieuses une pension modique et à peine suffisante. Bientôt ce chétif secours ne fut plus payé qu'en assignats, et l'on ne tarda pas à trouver un moyen pour cesser d'acquitter cette dette si légitime de la spoliation : ce moyen fut d'exiger des ex-religieuses un serment de fidélité *à la liberté et à l'égalité*. Marie-Louise crut devoir le refuser.

Son grand âge et ses infirmités (elle était depuis quelque temps sourde et aveugle) auraient dû inspirer quelque compassion à des êtres animés encore d'un reste de sentiment d'humanité ; mais les hommes de ces temps désastreux étaient au-dessus de pareilles faiblesses, et ils ne rougirent pas de la priver de sa pension.... Réduite à la mendicité, la descendante du premier baron chrétien fut alors recueillie par la marquise de Crussol d'Amboise, au château de Bondy. Sa retraite y fut de courte durée ; elle en fut violemment enlevée par ordre du gouvernement pour être conduite aux prisons de Saint-Lazare, et là persécutée pour cause de religion. On dit qu'elle fut transférée au Luxembourg peu de temps après, ce qui est fort douteux, car il paraît certain qu'elle partagea à Saint-Lazare sa captivité avec André Chenier. M. de Vigny, dans Stello, après avoir parlé de l'état intérieur de cette maison à cette époque, nous dit que l'abbesse de Montmartre fut, le jour du jugement, appelée la première à monter dans le fiacre qui devait conduire les prévenus devant leurs juges. En partant de Saint-Lazare elle donna sa main à baiser à plusieurs de ses co-prisonniers, qui avaient apprécié l'affabilité et la douceur de son caractère, et sortit en disant: « Mon Dieu, » pardonnez-leur, ils ne savent ce qu'ils font. » Le fiacre cependant fut assailli à coups de pierres par la populace.

Aucun crime ne pouvait lui être imputé. Elle arriva le 20 juillet 1794 (5 thermidor an II) devant le tribunal, sous la prévention de participation à un complot simultané entre toutes les prisons de la capitale contre la Convention, moyen odieux inventé pour perdre tous ceux à qui on ne pouvait rien reprocher.

L'absurdité de l'accusation tombait devant les infirmités d'une femme aveugle et sourde, circonstance qui la rendait incapable de complot, ce qu'un juré fit remarquer à Fouquier-Thinville, accusateur public, pour qu'il changeât son système afin de faire condamner l'abbesse. Celui-ci, répliquant par un atroce lazzi, s'écria: « Eh! qu'importe? comme dans une autre circonstance semblable, elle a conspiré *sourdement*, elle mérite la mort. »

Elle fut, séance tenante, condamnée comme ennemie du peuple et comme ayant provoqué le rétablissement de la royauté. On ajouta en propres termes, que la femme Laval, ex-abbesse de Montmartre, avait été, en cette qualité, une des plus cruelles ennemies du peuple, exerçant, sous le prétexte des priviléges de la ci-devant abbaye, une foule d'exactions et de concussions envers les citoyens qu'elle appelait ses vassaux; qu'elle avait refusé de prêter serment à la nation, et que, de plus, elle avait entretenu des intelligences avec les conspirateurs d'outre Rhin, les émigrés.

L'impartiale histoire a fait justice à son tour de tous ces chefs d'accusation, et le témoignage unanime de plusieurs vieillards de Montmartre qui ont pu apprécier le caractère paternel et conciliant de suzeraineté de la dernière abbesse, vengé complètement sa mémoire.

Elle fut conduite le même jour, le 20 juillet, à la barrière du Trône, où elle fut décapitée. Sa mort excita une violente rumeur parmi le peuple, qui l'imputait hautement à l'influence de Robespierre, qui cependant n'entrait pour rien dans sa condamnation, mais dont le règne touchait à sa fin; quatre jours après la mort de l'abbesse, il porta sa tête sur l'échafaud.

L'auteur de l'intéressant ouvrage qui a pour titre *Culte de la Vierge*, rapporte sur Madame de Montmorency une dernière anecdote dont nous ne garantissons pas la vérité, mais que nous croyons devoir raconter. Lors, dit-il, qu'on la conduisait au supplice avec quinze de ses religieuses ou autres, toutes en chœur elles chantèrent le cantique si connu : *Je mets ma confiance, Vierge, en votre secours.* Chemin faisant, la fatale charrette passa au coin d'une rue où les républicains, attablés en banquet patriotique, se livraient à l'ivresse d'une joie d'orgie. Les chants religieux des pieuses victimes les mirent en fureur. Ils voulurent les faire cesser et obliger ces pauvres femmes à entonner la *Marseillaise*, ou bien plutôt, dit un de ces féroces plaisans, le *Chant du Départ*, puisqu'elles s'en vont dans l'autre monde. Rien n'épouvanta ces saintes filles ; elles méprisèrent les insultes et les sales outrages de ces amis de la liberté qui, pleins d'une sauvage furie, leur lançaient à la figure les dégoûtans débris de leur ignoble festin. Elles continuèrent, malgré les avanies et les attaques, leur route vers l'échafaud, répétant jusqu'à la mort leur dévot refrain à Marie ; les chants ne cessèrent qu'après que la dernière eut la tête tranchée.

Là finit l'histoire de cette antique abbaye dont les bâtimens et les riches domaines, tombés au pouvoir du gouvernement révolutionnaire, furent par lui vendus, morcelés, puis, par les acquéreurs, revendus et bientôt détruits, à tel point qu'excepté la vieille église, devenue dès-lors paroisse, aucun des rares vestiges qu'on en rencontre ne peut en faire soupçonner l'existence, encore moins la splendeur.

LA
CHAPELLE DU MARTYRE.

Saint Denis, l'évêque de Paris, dont nous ne rapporterons pas la légende, et qu'il faut bien se garder de confondre avec son homonyme, l'aréopagite, ainsi que l'on fait différens auteurs, et Hilduin tout le premier, fut envoyé de Rome au 3e siècle avec plusieurs autres ouvriers évangéliques, dans les Gaules, pour y porter la lumière du vrai Dieu. Il vint jusqu'à Paris, où sa prédication fit de nombreuses conversions. Il y établit un clergé et y bâtit des églises.

Enveloppé dans une persécution, il fut pris dans Paris même, avec un de ses prêtres nommé Rustique, et un diacre nommé Eleuthère. Après avoir souffert la prison et plusieurs tourmens, ils eurent tous trois la tête tranchée sur Montmartre, appelé alors mont de Mars ou mont de Mercure.

Nous ne répéterons pas ici tout ce que nous avons dit au commencement de l'histoire générale, pour appuyer notre opinion sur le lieu où le martyre de saint Denis fût consommé. Nous ajouterons seulement que cette opinion a de plus, en sa faveur, un titre bien ancien : c'est un diplôme de Dagobert, au 7ᵉ siècle, renouvelé par le roi Robert en 996, pour confirmer la donation d'un territoire, faite par le premier à l'abbaye de Saint-Denis, et où il est dit, pour marquer les limites de ce territoire, qu'il s'étendait d'un côté jusqu'à la montagne des Martyrs : *Usque ad montem Martyrum, ubi ipse præcellentissimus Domini testis agonem suum explevit.* On ne peut trouver rien de plus clair.

Maintenant, à quel endroit de la montagne le sang de l'apôtre a-t-il coulé ? Peut-on douter que ce ne fût au lieu même où la piété des fidèles, dont le souvenir était entretenu par une incessante tradition, éleva dans la suite, aussitôt quelle put le faire, la petite chapelle du Martyre.

Le culte de Saint-Denis fut bientôt très florissant en France. Sa célébrité est connue. On institua plus tard, en l'honneur de ce glorieux évêque, sept stations, tant dans Paris qu'aux environs. Les trois premières étaient à Notre-

Dame-des-Champs (1). A Saint-Etienne-des-Grès (2); à Saint-Benoît (3), parce qu'on prétendait que ces églises avaient été fondées par lui. La quatrième à Saint-Denis-du-Pas (4), pour y honorer les tourmens qu'il subit en cet endroit. La cinquième, à Saint-Denis-de-la-Chartre (5), en mémoire de sa prison. La sixième, à notre chapelle du Martyre (6), comme théâtre de son dernier supplice; enfin, la septième à Saint-Denis-de-l'Etrée (7), considérée comme le lieu de sa sépulture. Nous n'avons à nous occuper ici que de la chapelle du Martyre.

Bien que nous la regardions comme le berceau du culte du vrai Dieu sur la montagne, et le

---

(1) Rue du faubourg Saint-Jacques, où fut depuis le couvent des Carmélites.

(2) Rue Saint-Jacques, au coin de celle Saint-Etienne-des-Grès.

(3) Rue Saint-Jacques, cloître Saint-Benoit, convertie en théâtre du Panthéon.

(4) A la pointe de l'île, au chevet de Notre-Dame.

(5) Au bas du pont Notre-Dame, vis-à-vis le quai aux Fleurs.

(6) A mi-côte de la butte Montmartre, en face de la rue et chaussée des Martyrs, à quelques pas du premier coude que forme la route à droite, et à peu près sur la même ligne que la mairie.

(7) A Saint-Denis.

témoignage en même temps que le motif de la dévotion de nos pères pour ce lieu célèbre, et qu'il soit certain qu'elle existait depuis fort longtemps déjà, ce n'est qu'en 1096 qu'il en est parlé pour la première fois dans les annales des bénédictins.

Possédée de temps immémorial par des laïques qui la faisaient desservir, elle n'avait d'autre revenu que les offrandes que la dévotion y apportait.

Ces laïques eurent un jour des scrupules au sujet de leur possession, ils ne voulurent plus garder la chapelle. Ils la cédèrent aux moines de Saint-Martin-des-Chaps, en l'année précitée, sous le prieuré d'Ursion.

Les moines de St-Martin la gardèrent jusqu'en 1133. A cette époque, Louis-le-Gros, pour fonder l'abbaye de filles à Montmartre, fit avec eux l'échange de tout ce qu'ils possédaient sur la montagne. La chapelle du Martyre fut dès-lors une dépendance de l'abbaye de Montmartre.

Louis-le-Gros la fit rebâtir à neuf. Il est fort douteux qu'elle ait été bénie par Eugène III, ainsi que le prétendrait Dubreul, qui se fonde sur la double visite que ce pape fit à Montmartre en 1147, puisqu'il est à peu près certain que, s'il vînt deux fois sur la montagne, ce fut, comme nous l'avons fait remarquer ailleurs, pour consacrer les deux parties bien distinctes de la grande église, l'autel paroissial d'abord, puis le chœur des Dames, exclusivement réservé au service des religieuses.

Héritiers de la piété de son père, Constance, comtesse de Toulouse, fille de Louis-le-Gros (1181), constitua une somme de 145 livres sur les chevaliers de Saint-Jean de Jérusalem, qui devaient payer chaque année cent sous à un chapelain tenu de prier à la chapelle du Martyre, pour les ancêtres du roi et de la reine, et pour l'âme de Louis-le-Jeune, son frère, mort depuis peu. Constance se réserva la nomination de cette chapellenie pour sa vie durant. Après elle, Maurice de Sully, 73e évêque de Paris, consentit que l'abbesse de Montmartre y présentât.

La dotation de Constance était si peu de chose, et le revenu que procurait les offrandes des fidèles, si chétif, que Philippe-le-Bel, frappé de la misère de la chapelle du Martyre, lui assigna une rente de vingt-livres parisis sur le trésor de Paris. Bientôt un écuyer de ce roi (1305), nommé Hermer, d'accord avec sa femme, nommée Catherine, la dotèrent d'un second chapelain, lequel devait prier pour le repos de l'âme du défunt roi Philippe-le-Hardi et de la reine, sa femme, aussi bien que pour le roi Philippe-le-

Bel, régnant, et pour la reine son épouse. Hermer était seigneur d'une partie de Montmartre. Philippe-le-Bel avait agréé ce témoignage de l'affection de ce fidèle serviteur, par lettre-patente datée de Poissy, du mois d'octobre 1304.

Il paraîtrait que pour l'érection de cette seconde chapellenie, les pieux fondateurs firent construire un nouvel autel au-dessus de celui déjà existant et qui était un peu enfoncé en terre.

Le roi, par la lettre-patente que nous venons de rappeler, permet d'ajouter à cette fondation une rente annuelle de vingt livres, à prendre sur son trésor de Paris, aux deux termes de la Toussaint et de l'Ascension, dont il avait gratifié autrefois les époux Hermer, qui l'abandonnèrent à l'abbaye avec six autres livres de rentes affectées à l'entretien de la première chapelle.

Ils firent bâtir une maison afin que le nouveau chapelain pût résider auprès de sa chapelle, et voulurent eux-mêmes demeurer dans cette maison, afin de pouvoir y aller faire leurs prières, suivant que leur dévotion les y porterait. Après leur mort, cette maison devait retourner à l'abbaye.

Pour la nourriture des chapelains, Hermer affecta une pièce de vignes appelée la Gonchières, située au lieu dit la Carrière.

Dans l'acte donné par Guillaume de Baufet, 84ᵉ évêque de Paris, le vendredi après la Saint-Denis (1305), pour la confirmation de ce nouvel établissement, les fondateurs réservent aux religieuses tous droits de seigneurie, propriété, patronage et autres.

L'abbesse Ade de Mincy, donnant l'année suivante (1306) son approbation à tout ce qui concerne cette fondation, réserve de plus à sa communauté le droit de démolir la maison des chapelains ou de s'en accommoder ; de faire construire à la place un prieuré ou tel bâtiment qu'il conviendrait pour la commodité du monastère, à la charge toutefois de donner un autre logement aux chapelains. L'abbesse y stipula de nouveau son droit de nomination et de collation des chapelains, et le droit aussi de les appeler à correction s'ils ne remplissaient pas leurs devoirs. Elle y fit déclarer qu'ils ne pourraient faire aucun service extraordinaire sans sa permission expresse, ni s'attribuer aucune des offrandes apportées à l'une ou l'autre chapelle, lesquelles offrandes devaient être transmises à l'abbaye. Toutes choses ainsi constituées, le mardi de Quasimodo 1306, Hermer et son épouse donnèrent tous leurs biens aux religieuses, et, suivant l'usage du temps, prêtèrent tous les deux serment devant l'official de Paris.

Pendant quarante années les deux chapelains vécurent en bonne intelligence. Mais enfin il arriva un jour (1347) que Jean Chemin, chapelain de la première fondation, et Guillaume Boutonnier, chapelain de la seconde, eurent ensemble un différend assez grave pour la démarcation et l'usage des bâtimens affectés à chacun d'eux. L'abbesse Jeanne Valengavart, en vertu des pouvoirs qui lui étaient réservés dans les actes de fondation, concilia tout pour le présent et pour l'avenir. Elle désigna d'une manière formelle ce qui désormais serait particulier à chaque chapelain. Dubreul, en décrivant les lieux respectifs, dit que le chevet de la chapelle du Martyre regardait l'Orient. Nous prenons acte de cette remarque, parce qu'elle sert aujourd'hui à retrouver la disposition de cet antique édifice.

Le concours des fidèles à la chapelle du Martyre était considérable. C'était un lieu de pèlerinage très fréquenté. Les souverains pontifes y avaient attaché de nombreuses indulgences pour ceux qui la visiteraient spécialement les dimanches et fêtes, entre Pâques et la Pentecôte.

En ces temps de foi, la dévotion à saint Denis était universelle. Peuple et roi, tous vénéraient l'apôtre des Gaules. Son nom, sur le champ de bataille, fut plus d'une fois le signal du comba et le cri de la victoire. Charles VI jurait par sa foi à monseigneur saint Denis. Ce grand saint fut et sera long-temps encore regardé, avec raison, comme un des protecteurs de la France. Son crédit, à diverses époques, s'est manifesté d'une manière qui répand trop de poésie sur l'*Histoire de Montmartre* pour que nous ne racontions pas, avec quelques détails, tous ces différens traits qui témoignent de la foi et de la piété de nos ancêtres.

Charles VI (1391) allant à la suite de son armée pour faire la guerre au duc de Bretagne, fut assailli dans la forêt du Mans par un personnage mystérieux dont la subite apparition lui causa une frayeur si grande, qu'il tomba à l'instant dans une sorte de fureur dont les suites furent extrêmement funestes. Dans cette triste circonstance, le roi fut aussitôt ramené à Paris et mis entre les mains des médecins. Le peuple, dont Charles VI était le *bien-aimé*, adressa au ciel de ferventes prières pour la guérison de son prince qui, lui-même dans un moment passager de raison, fit vœu d'une neuvaine à l'autel Saint-Denis de Montmartre, et d'un pèlerinage à Notre-Dame-de-Chartres. Vœux et supplications furent exaucés: le roi recouvra sa pleine raison, et, dit Juvenal des Ursins: « Si recouvra la santé et se voua à Nostre-
» Dame et à monseigneur sainct Denis. Il fut en
» une abbaye de religieuses et y fit sa neufvaine,

» puis bien dévotement vint à Chartres, fit sa dé-
» votion en l'église et y donna un beau don, et
» fut ramené à Paris (1). »

La bonne santé du roi ne fut pas de longue durée, et la joie du peuple se changea bientôt en tristesse. Les médecins avaient recommandé de ne lui parler d'aucune affaire sérieuse; de ne le contrarier en quoi que ce soit; bien au contraire, de lui fournir des divertissemens capables de flatter son imagination.

On était en plein carnaval (1392), Charles eut la fantaisie d'exécuter une mascarade : le mariage d'une des filles de la reine lui fournit l'occasion de se satisfaire. Le jour des noces, après un repas magnifique, on donna un grand bal et le roi, qui s'était déguisé en sauvage, s'y présenta incognito avec cinq seigneurs cachés sous un costume semblable. Il les conduisait enchaînés après lui. Avant l'entrée de cette singulière mascarade, on avait ordonné d'éloigner les flambeaux. Le duc d'Orléans, qui n'avait pas connaissance de cet ordre, abaissa maladroitement une torche allumée trop près de la tête d'un des sauvages, dont le costume fait d'étoupes collées à des vêtemens avec de la poix prit feu tout aussitôt. La flamme se communiqua bien vite aux quatre autres masques, et de

(1) Hist. de Charles VI, édition de l'Impr. royale de 1653, page 91.

véritables hurlemens, arrachés par la douleur, succédèrent tout-à-coup aux cris de joie dont retentissait la salle. Quatre des cinq sauvages furent brûlés et périrent dans d'horribles tourmens. Le cinquième n'échappa à la mort que parce qu'après avoir eu le bonheur de sortir de la salle, il eut la bonne idée de se précipiter dans une cuve pleine d'eau qu'il trouva dans la cour de l'hôtel. Le roi lui-même, qui heureusement s'était fait reconnaître, ne dut son salut qu'à la rare présence d'esprit de la duchesse de Berry, qui, sans perdre de temps, l'enveloppa vivement dans la longue queue du manteau qu'elle portait par-dessus sa robe.

La cour et la ville furent consternées, mais tous reconnurent dans le salut du roi un effet manifeste de la protection divine. On décida qu'il fallait en remercier Dieu d'une manière toute particulière. Écoutons Juvénal des Ursins, témoin oculaire de la cérémonie qui eut lieu à cette occasion : « Quand on sceut la grâce que Dieu avoit
» faite au roy du feu qui fut bouté, quand le roy et
» autres faisoient les hommes sauvages, dont il es-
» chappa sain et sauf, par le moyen de la dame
» qui le couvrit de son manteau, on fit deux cho-
» ses : l'une un service pour ceux qui y trépassè-
» rent, bel et notable ; l'autre, le roy et ceux du
» sang, allèrent en pèlerinage à pied à la cha-

» pelle des Martyrs, au pied de Montmartre, pour
» revenir à Nostre-Dame en dévotion ; et estoit le
» roy seul à cheval ; ses frères et oncles et autres
» du sang, et foison de gentils hommes nuds-pieds,
» et, en cet estat vinrent jusqu'à Nostre-Dame où
» ils furent reçus par l'évesque, chanoines, chap-
» pelains et gens d'église bien honorablement; fi-
» rent leurs offrandes et oraisons et y eut une
» très belle messe chantée, et maintes larmes des
» yeux jettées en remerciant Dieu de la grâce
» qu'il a faite au roy. » Ce récit prouve quelle
était la dévotion pour le lieu où saint Denis avait
versé son sang, puisqu'on commence l'action de
grâce solennelle par une visite à la chapelle du
Martyre.

Le duc de Bourgogne, hypocrite et astucieux,
voulant de plus en plus se concilier le cœur des
Parisiens, dont il connaissait bien les sentimens et
la disposition, et qu'il dirigeait pour un jour se servir d'eux contre les Armagnacs, fit ordonner (1412)
des processions publiques pendant les mois de
mai et juin. Toutes les paroisses de Paris allèrent
alternativement d'église en église ; mais le 6 juin
elles vinrent toutes ensemble faire station à la
chapelle du Martyre.

On se rappelle que nous avons dit que la chapelle du Martyre avait deux autels l'un sur l'autre,
c'est-à-dire que le premier était enfoncé en terre

dans une espèce de grotte ou cripte, et le second placé dans un petit oratoire construit au-dessus en 1306, par les soins de la princesse Constance, fille de Louis-le-Gros. Maître Guy Jolivet, prêtre chapelain de la chapelle basse (1481), résigna sa chapellenie à maître Thibaut Carré, qui lui donna en échange son bénéfice d'une autre chapelle de Saint-Martin qu'il possédait auprès de Sainte-Geneviève de Paris. Dans cette collation ou transaction, l'abbesse, d'après les réserves qu'elle s'était garanties, et dont nous avons parlé, intervint et donna son consentement par un acte authentique que nous trouvons dans les archives de l'abbaye, et dans lequel elle continue à faire très explicitement une longue réserve de tous ses droits ; la pièce est datée du 14 septembre 1481.

C'est dans cette chapelle basse dont nous nous occupons maintenant que les orfèvres de Paris avaient depuis long-temps, sous le bon plaisir de l'abbesse, érigé une confrérie à Saint-Denis et ses compagnons. Il paraît que, dès la fondation de cette confrérie, celle-ci n'avait pas voulu que les orfèvres eussent en main aucune clef de la chapelle. Ils étaient donc obligés, lorsqu'ils s'y réunissaient pour leurs assemblées ou pour les offices, de monter les demander à l'abbaye.

Nous n'avons rien trouvé sur l'origine de cette confrérie, mais dans les titres de l'abbaye, nous

voyons que les orfèvres obtinrent (1483) de Marguerite Langlois la possession de la clef de la chapelle moyennant un acte de reconnaissance que nous allons rapporter en entier, non-seulement à cause de sa singularité, mais parce que, plus tard, nous verrons que les droits qu'il garantit à l'abbaye avaient besoin de cette sûreté pour être conservés. Nous copions textuellement. « Jean Le-
» cointre, Guillaume Dupré, Guillaume Aubin et
» Laurent Cormier, orfèvres et bourgeois de Pa-
» ris, au nom et comme maistres et gouverneurs
» de la confrairie de monsieur Saint-Denys-des-
» Martyrs-lez-Montmartre confessent qu'à leurs
» prière et requeste, religieuse et honneste dame
» l'abbesse de Montmartre leur avoit donné et
» baillé une clef pour ouvrir et clorre la dicte cha-
» pelle Saint-Denys-des-Martyrs pour y faire dire
» et célébrer les messes de la dicte confrairie affin
» de les relever des peines et travaux qu'ils avoient
» d'aller quérir icelle clef à chacune fois à la dicte
» abbaye. Sous telle condition que les dicts mais-
» tres seront tenus et promettent de rendre, res-
» tituer et remettre en la main de la dicte abbesse
» icelle clef toutes et quantes fois il plaira à icelle
» abbesse. Promettants et obligeants et renon-
» çants et aux dits noms : Faict et passé le diman-
» che xxviiie jour du mois de décembre de l'an
» 1483. »

Trois années après, l'abbesse Marguerite Langlois, usant toujours de ses droits, conféra la chapelle supérieure, le 11 janvier 1486, à Pierre Garrout, prêtre, maître-ès-arts, qui succéda à Simon Germain, prêtre, aussi maître-ès-arts, décédé.

Long-temps après (1501), le chapelain de la chapelle du Martyre, Jean Rouette, fit contrairement aux droits réservés à l'abbesse et sans lui en demander permission, célébrer, le 19 avril, une messe de la dédicace de la chapelle avec diacre et sous-diacre, ainsi qu'on la célébrait le 21 du même mois dans l'église de l'abbaye. Dans cette circonstance, Rouette avait retiré de dessus l'autel les reliques déposées par les religieuses, et, de plus, s'était attribué en propre toutes les offrandes qu'y avaient apportées les fidèles. Le bon chapelain ignorait sans doute tous les droits de l'abbaye; peut-être bien les trouvait-il excessifs, et en conséquence cherchait-il à s'en affranchir. Quoi qu'il en soit, l'abbesse le fit assigner par maître Royer, procureur au Châtelet, pour l'abbaye, devant Jacques d'Estouteville, prévôt de Paris. Rouette fut condamné aux dépens, dommages et intérêts de l'instance, et l'abbesse maintenue dans son ancienne possession, par arrêt contradictoire rendu au Châtelet le 17 décembre 1502.

Aussitôt qu'on eut appris à Paris que François Ier avait été fait prisonnier à la bataille de Pavie (1525), des prières spontanées et publiques eurent lieu dans toutes les églises; mais le peuple se porta plus particulièrement dans celles consacrées sous l'invocation de Saint-Denis, protecteur perpétuel de notre pays. C'est alors que la chapelle du Martyre fut, pendant plusieurs jours, continuellement remplie par la foule des fidèles qui venaient pieusement y prier pour le roi captif et pour les besoins de la France dans une si fâcheuse conjoncture.

Si, comme l'église de Montmartre, la chapelle du Martyre ne pouvait pas revendiquer l'honneur presque unique d'avoir été solennellement consacrée par un pape qu'assistait non seulement un saint, mais l'homme tout à la fois le plus saint et le plus remarquable de son siècle, elle pouvait être orgueilleuse d'avoir ses fondemens en quelque sorte cimentés par le sang de l'apôtre des Gaules, du premier évêque de Paris.

Enrichie de nombreuses prérogatives, objet d'une vénération particulière, elle était le but d'un continuel pèlerinage. C'était là, au pied de cet autel déjà célèbre à plus d'un titre, foyer sacré d'entraînans souvenirs, que venaient s'enflammer spécialement les âmes vives et brûlantes. Aussi ne faut-il pas s'étonner que l'homme le plus zélé pour la défense de la foi menacée et le plus dévoué à la conversion et au salut des pécheurs, l'ait de préférence choisie pour le sanctuaire où devait s'accomplir, en présence du Saint des Saints, son généreux renoncement au monde, et où il voulut prendre l'engagement sacré de se vouer à la prédication de l'Evangile dans la Terre-Sainte. Saint-Ignace donc, avant que de fonder son institut à jamais célèbre, après avoir réuni six (1) disciples, au nombre desquels figurait Saint-François-Xavier, se rendit le jour de l'Assomption (1534) dans la chapelle souterraine et par conséquent primitive du Martyre. Là, après avoir entendu la sainte messe, célébrée par un d'eux, déjà prêtre, nommé Lefèvre, et avoir tous communié, ils firent unanimement, à haute et intelligible voix, le vœu de se rendre en Palestine dans un délai déterminé, ou, si des obstacles s'y opposaient, d'aller se jeter aux genoux du souverain pontife. Ils s'obligèrent en même temps à exercer gratuitement leur sacré ministère. Notre chapelle est donc véritablement le berceau de l'illustre société qui, plus tard, s'appela compagnie de Jésus.

(1) Jacques Lainez.—Alphonse Salmeron.—Nicolas-Alphonse Bobadilla, Espagnols. — Simon Rodriguez, Portugais.—François-Xavier.—Lefèvre.

Un tableau, représentant la cérémonie dont nous venons de parler, se voyait dans la chapelle, au-dessus d'un autel devant lequel il y avait une grille. Une plaque de bronze doré, scellée dans le mur, portait les inscriptions suivantes :

Siste, spectator, atque in hoc Martyrum sepulchro probati Ordinis cunas lege. Societas Jesu Quæ sanctum Ignatium Loyolam Patrem agnoscit, Lutetiam matrem, Anno salutis M. DXXXIV. Aug. XV.	Arrête-toi, spectateur, et lis dans ce tombeau des martyrs quel fut le berceau d'un grand ordre religieux. La société de Jésus, qui reconnaît saint Ignace de Loyola pour père, eut la ville de Paris pour mère, l'an du salut 1534. 15 août.
Hic nata est Cum Ignatius ipse et socii, Votis sub sacrâ synaxim Religiosè conceptis, Se Deo in perpetuùm Consecraverunt.	Elle a pris naissance ici le jour qu'Ignace lui-même et ses compagnons, mystiquement unis à Dieu par la sainte communion, se consacrèrent perpétuellement à son service par des vœux religieusement prononcés au pied de cet autel.

Au bas du tableau on lisait :

Sacra et pia societatis Jesu incunabula.	Saint et pieux commencemens de la société de Jésus.

Parentibus optimis filii posuêre.   A d'excellens pères, leurs fils.

Cette dernière ligne indique que ce tableau et ces inscriptions avaient été placés par les jésuites.

Le P. Aloix, dans une vie de Saint-Denis, dit que les deux années suivantes les pieux fondateurs des jésuites vinrent à Montmartre renouveler leurs vœux.

En mémoire de cette consécration, les R. P. jésuites venaient souvent faire oraison dans la chapelle du Martyre; souvent ils y célébraient la sainte messe, surtout aux jours de Saint-Ignace et de Saint-François-Xavier, et plus spécialement encore pendant l'octave de l'Assomption, qui s'y fêtait avec assez de solennité, et chacun des jours, un d'entre eux y prêchait un sermon.

Les guerres de la ligue causèrent, si l'on en croit l'abbé Lebeuf, grand dommage à la chapelle du Martyre, qui, selon lui, en 1598, était impraticable. L'autel était démoli, la voûte et la couverture tombées, en sorte que l'intérieur assez rétréci de l'édifice, était encombré de démolitions.

Avant le rétablissement matériel de cette chapelle, nous allons voir de nouveaux personnages y venir invoquer le saint évêque de Paris.

L'exemple de Saint-Ignace fut suivi par plusieurs fondateurs d'établissemens religieux. En cela, ils se montrèrent moins imitateurs de ce grand homme, que confians dans l'intercession de Saint-Denis, dont la puissance sur le cœur de Dieu avait tant de fois été reconnue.

C'est dans notre célèbre chapelle que (1604) le cardinal de Berulle et Barbe Avrillot (dame Acarie, connue depuis et honorée sous le nom de bienheureuse Marie de l'Incarnation), conduisirent les trois religieuses, compagnes de Sainte-Thérèse, envoyées en France. Elles demandèrent, au nom de Saint-Denis, toutes les grâces et la force dont elles avaient besoin pour établir dans notre pays l'ordre des Carmélites.

Les orfèvres ayant fait célébrer dans la chapelle du Martyre la fête de Saint-Denis (1608) et celle de la Dédicace avec une certaine solennité, les mêmes jours que l'abbaye consacrait à ces fêtes, l'abbesse crut devoir en appeler comme d'abus contre leur confrérie, qui s'était, en outre, approprié les offrandes. L'affaire fut portée devant le parlement, qui, par arrêt du 6 avril 1609, ordonna que les orfèvres pourront continuer les offices divins dans la chapelle, et, avec la permission de l'abbesse, à qui devront revenir toutes les offrandes, célébrer les fêtes le lendemain du jour où elles tombent. Cet arrêt fut confirmé par un deuxième, le 23 avril 1610, qui ajoutait que les religieuses ne devaient troubler en rien l'exercice du droit des orfèvres, et enjoignait à ces dames de leur délivrer les clés, maintenant toujours que les offrandes, oblations ou aumônes faites à la chapelle reviendraient à l'abbaye. Un troisième arrêt, confirmatif des deux premiers, règle les heures des offices et les rapports qui devront exister entre l'abbaye et les orfèvres, afin que chaque partie puisse, sans gêne, user de son droit. Ce dernier arrêt fut rendu le 27 août 1611. Dubreul les rapporte textuellement tous les trois. Nous n'en avons donné que la substance.

Nous avons dit que le bâtiment de la chapelle était en mauvais état. En 1611, Marie de Beauvilliers, avec l'aide de quelques personnes pieuses, et en particulier d'un don de dix mille francs qu'elle reçut de Henri IV, pensa à faire reconstruire et en même temps agrandir ce saint édifice.

Pendant qu'on fouillait vers le chevet pour les fondations de la nouvelle construction, on fit une découverte qui a fourni des conjectures à tous les historiens qui se sont occupés des environs de Paris, et qui a donné lieu à de longues dissertations. Ces conjectures et dissertations ont été répétées par les nouveaux compilateurs; nous ne les imiterons pas. Ne voulant rien décider entre eux, et cependant désirant mettre le lecteur à portée d'établir un jugement, nous allons rapporter textuellement le procès-verbal fait sur les lieux, aux jours mêmes de la découverte. Quelques noms qui figurent dans cet acte se retrouvent encore parmi les habitans de Montmartre.

« L'an mil six cent onze, le 13e jour de juillet,
» après midy, par devant nous, Pierre Pochet, se-
» crétaire de la chambre du roy, prévost de Mont-
» martre, pour mes dames les religieuses, ab-
» besse et couvent du dit Montmartre, estans au
» dict lieu, y seroit comparu maistre François du
» Bray, receveur et procureur des dictes dames;
» lequel nous auroit remonstré que les dictes da-
» mes voulans faire agrandir et accroistre leur
» chapelle du Martyre de monsieur Sainct-Denys
» et ses compagnons, vulgairement dicte la cha-
» pelle des Saincts-Martyrs; laquelle est située
» au bas de la closture des dictes religieuses, du
» costé de Paris, les massons travaillant aux fon-
» demens des murs nécessaires pour faire le dict
» accroissement, auroient trouvé au delà du bout
» et chef de la dicte chapelle, qui regarde du côté
» du levant, une voulte sous laquelle il y a des de-
» grez pour descendre soubs terre en une cave;

» auquel lieu il nous a supplié nous vouloir trans-
» porter et y descendre, pour voir et visiter que
» c'est. Au moyen de quoi, ce requérant, le dict
» du Bray, accompagné de luy et de maistre
» Jean Tesnière, Julien Gueret, et Jacques Che-
» valier, prestres et chapellains des dictes dames,
» tant en leur abbaye, qu'en leur dicte chapelle
» des Martyrs, et de maistre Jean Gobelin, mais-
» tre masson, demeurant à Paris, rüe et paroisse
» Saint-Paul, et d'Adam Boissart, peintre et
» sculpteur, demeurant à Paris, rue Pavée-Saint-
» Sauveur, à l'Image-Saint-Nicolas, inclinant à
» la requeste du dict du Bray, nous serions trans-
» porté au chef et pointe orientale de la dicte cha-
» pelle par le dehors d'icelle ; auquel lieu y au-
» rions trouvé plusieurs massons et manœuvres
» qui travailloient sous le dit Gobelin à faire les
» fondemens et l'agrandissement de la dicte cha-
» pelle. En présence des quels le dit Gobelin nous
» a monstré un trou et pertuis qui avoit été fait
» par les dicts manœuvres à la voulte d'une cer-
» taine montée, en creusant les dicts fondemens.
» En laquelle voulte, ce requérant le dit du Bray,
» nous serions descendu par le dict trou avec une
» eschelle dans la dicte montée, accompagné de
» luy et de notre greffier et des dicts Tesnière,
» Gueret et Chevalier, Gobelin et Boissart, avec
» deux chandelles allumées, et aurions trouvé

» que c'étoit une descente droitte, laquelle a cinq
» pieds un quart de largeur. Par laquelle serions
» descendu trente-sept degrez, faicts de vieille
» massonnerie de plastre, gastées et escornées:
» le dessus de laquelle descente est voulté. Et au
» bas de laquelle descente aurions trouvé une cave
» ou caverne prise dans un roc de plastre, tant
» par le haut que par les côtés et circuit d'icelle.
» Laquelle aurions fait mesurer par le dict Gobe-
» lin, qui a trouvé qu'elle a de longueur depuis
» l'entrée jusques au bout qui est en tirant vers
» la closture des dictes religieuses, trente-deux
» pieds. L'entrée de laquelle a huict pieds de lar-
» geur: et, en un endroit, distant de la dicte des-
» cente de neuf pieds, elle a de largeur seize
» pieds, et le surplus d'icelle va en estressissant,
» en sorte qu'au bout, vers la closture des dictes
» religieuses, elle n'a que sept pieds de largeur.
» Dans laquelle cave, du costé de l'orient, il y a
» une pierre de plastre bicornue, qui a quatre
» pieds de long et deux pieds et demy de large,
» prise par son milieu, ayant six poulses d'espois-
» seur, au dessus de laquelle au milieu il y a une
» croix gravée avec un sizeau, qui a six poulses
» en quarré de longueur et demy poulse de lar-
» geur. Icelle pierre est élevée sur deux pierres
» de chacun costé, de moillon de pierre dure, de
» trois pieds de hault, appuyée contre la roche de

» plastre, en forme de table ou autel: et est dis-
» tant de la dicte montée de cinq pieds. Vers le
» bout de laquelle cave, à la main droicte de l'en-
» trée il y a dans la dicte roche de pierre une
» croix, imprimée avec un poinsson ou cousteau,
» ou autre ferrement; et y sont ensuite ces let-
» tres : MAR. Il y a apparence d'autres qui sui-
» voient : mais on ne les peut discerner. Au même
» costé un peu distant de la susdicte croix, au
» bout de la dicte cave, est encore imprimée une
» autre croix dans la dicte roche de plastre. Et à
» la main gauche de la dicte cave, en entrant, à
» la distance de vingt-quatre pieds, dès l'entrée
» s'est trouvé ce mot escrit de pierre noire sur le
» roc: CLEMIN, et au costé du dict mot y auroit
» quelque forme de lettres imprimées dans la
» pierre avec la pointe d'un cousteau ou autre
» ferrement où il y a DIO, avec autres lettres sui-
» vantes qui ne se peuvent distinguer. La hau-
» teur de la cave en son entrée est de six pieds
» jusque à neuf pieds en tirant de la dicte entrée
» vers le bout de la dicte cave. Et le surplus jus-
» ques au bout est rempli de terre et gravois, où
» il y a plusieurs pierres et thuillaux fort frayés et
» affermis par dessus, ainsi qu'une terrasse, de
» manière qu'au delà des dicts neuf pieds il n'y a
» de distance en la hauteur depuis les dictes pier-
» res et gravois jusques au haut que trois pieds

» en aucuns endroicts, et quatre en autres, de sorte
» que l'on ne peut s'y tenir debout. Ce faict, nous
» serions sorti de la dicte cave et remontez par le
» dict degré, accompagnez des dessus nommés. Les-
» quels en foi de ce ont avec nous signé le présent
» procèz-verbal les jour et an que dessus (1). »

La nouvelle de cette intéressante découverte fit un grand bruit dans Paris ; elle éveilla la curiosité encore plus que la dévotion. La cour et la ville s'empressèrent d'aller visiter la cripte de Saint-Denis. La reine Marie de Médicis et beaucoup de dames de qualité s'y présentèrent des premières ; le concours du peuple fut immense, on y accourut de toutes parts.

Cette affluence produisit beaucoup d'argent à l'abbaye, qui trouva dans les nombreuses offrandes des pèlerins, et surtout dans les pieuses libéralités de Pierre Forget de Fresne, secrétaire des commandemens du roi, beau-frère de l'abbesse, les moyens de bâtir à neuf l'édifice du Martyre et en même temps d'agrandir l'enceinte du couvent; ce qui s'opéra de telle sorte que la nouvelle chapelle s'y trouva renfermée.

Les malheurs qu'avaient causés les guerres civiles, et les troubles religieux, déplorables résultats des funestes influences de la réforme, ame-

(1) Nous avons conservé dans cette copie l'orthographe de Dubreul.

nèrent enfin une réaction complète. La première moitié du dix-septième siècle fut remarquable par des tendances réparatrices universellement manifestées. De nouvelles et nombreuses institutions religieuses furent fondées à cette époque. Il est à remarquer que Montmartre, foyer sacré où s'alluma le flambeau de la foi de nos pères, fut encore, au temps dont nous nous occupons, le rendez-vous des pieux et illustres fondateurs de ces nouveaux établissemens.

Nous ferions un calendrier véritable si nous indiquions tous les jours où ces hommes de Dieu firent visite à l'autel de Saint-Denis, tant de fois ils y sont venus accroître l'ardeur de leur dévouement et implorer le suprême dispensateur de tout don par l'intercession du saint évêque. Nous ne citerons donc que les visites les plus solennelles. Ces éphémérides vont interrompre un peu notre ordre chronologique, mais nous y reviendrons.

A peine la chapelle du Martyre était sortie de ses ruines que le cardinal de Berulle (1612) vint y consacrer à Dieu son naissant institut des prêtres de l'Oratoire.

Madame Acarie (Barbe Avrillot, dont nous avons déjà parlé) devint veuve en 1613. L'année suivante, résolue à prendre le voile, elle vint s'y préparer à entrer en religion et se retira bientôt après au monastère des Carmélites, à Amiens.

Cette sainte femme était particulièrement estimée et aimée dans l'abbaye de Montmartre, où souvent elle faisait des retraites. Les religieuses se plaisaient à reconnaître l'heureuse influence que sa présence exerçait sur la communauté.

Vincent de Paul a bien souvent prié dans la chapelle du Martyre ; il y vint implorer Dieu chaque fois qu'il institua une de ses œuvres de charité.

L'évêque de Genève, Saint-François de Sales, avant d'établir les dames de la Visitation, s'y recueillit profondément devant Dieu. Il suivait en cela une dévotion qu'il avait dès long-temps contractée alors qu'il achevait ses études en l'université de Paris.

Enfin, trois personnages d'une haute piété, qui s'étaient réunis en commun pour servir le Seigneur d'une manière toute particulière, et que, dans le monde pieux, on désignait généralement sous le nom de *solitaires de Vaugirard*, MM. Picoté, Foix et Olier qui, depuis quelque temps déjà, méditaient la fondation de la communauté des prêtres de Saint-Sulpice (aujourd'hui le séminaire), y vinrent en 1642, au pied des reliques de Saint-Denis et ses compagnons, faire entre eux une indissoluble union et s'y consacrer perpétuellement à la très sainte Trinité avant de s'y dévouer à l'instruction et à la sanctification du clergé.

L'historien de M. Olier nous apprend que ce digne prêtre retourna à Montmartre, le 2 mai 1645, avec MM. Poullé et Damien. Le père Bataille les y accompagna, et entre ses mains ils promirent sur l'Évangile (dit M. Olier, dans ses mémoires autographes) à Dieu de ne jamais se départir du projet qu'il leur avait inspiré de se lier ensemble pour être ses organes et ses instrumens et lui disposer des prêtres qui le servissent en esprit et en vérité.

C'est avec une certaine complaisance que nous avons raconté ces différens traits d'une manière un peu détaillée, ainsi que nous l'avions promis. Ils nous semblent d'ailleurs, à cause des immenses résultats dont ils ont été le principe, devoir singulièrement intéresser les personnes pieuses et ne pas peu contribuer à éveiller en elles de salutaires impressions, en même temps qu'ils nous paraissent n'être pas sans quelque charme historique pour le lecteur tant soit peu curieux.

Nous allons reprendre l'histoire de la chapelle où nous l'avons laissée.

Le cent dixième et dernier évêque (1) de Paris, Henri de Gondy, à la sollicitation de l'ab-

(1) Non pas l'archevêque, comme dit l'abbé Lebeuf: attendu que le siége de Paris ne fut élevé en archevêché que le 20 octobre 1622.

besse Marie de Beauvilliers, et de sa sœur, dame Forget, érigea la chapelle du Martyre en prieuré le 7 juin 1622. La collation devait en appartenir à l'abbaye après la démission des deux chapelains alors existans.

Dès cette époque, dix religieuses de l'abbaye descendirent s'établir tout auprès de la chapelle, dans un bâtiment construit pour elles. Elles y commencèrent l'office quotidien. Cette circonstance fit qu'il y avait en quelque sorte deux communautés sur la butte Montmartre : le nouveau prieuré et l'antique monastère. Les difficultés que ce double service occasionna causèrent enfin la réunion des deux établissemens ; elle eut lieu avec la permission de Mgr. de Harlay, cinquième archevêque de Paris, le 12 août 1681, après que les nouveaux corps de logis construits sur les ordres de Louis XIV, furent achevés.

D'après Sauval, La Mole et Coconas, favoris du duc d'Alençon, frère de Charles IX, auraient été enterrés dans la chapelle du Martyre. Plus récemment, sous Louis XIII, on y ensevelit Antoine Boësset, intendant de la musique de la chambre du roi et de celle de la reine. C'était aussi dans la cave Saint-Denis qui dépendait de la chapelle du Martyre qu'on déposait le cercueil des abbesses défuntes en attendant le jour de leurs funérailles.

Enveloppée dans la vente du domaine de l'abbaye comme bien national, la chapelle du Martyre fut démolie (1790) par le plâtrier qui avait fait l'acquisition des bâtimens, et qui les rasa tous pour exploiter immédiatement du plâtre. Il ne reste plus de trace aujourd'hui de cette antique chapelle; à peine indiquerait-on avec quelque certitude, l'espace qu'elle occupait dans le terrain où elle était située (1), et qui est aujourd'hui divisé en lots et mis en vente pour y faire des constructions.

Tout ce que nous avons dit de cet édifice sacré doit vivement faire regretter qu'on ne se soit pas occupé d'en consacrer le souvenir par un monument quelconque. Espérons, à cause de l'accroissement de la population de la commune de Montmartre et du besoin qui se fera sentir d'élever une chapelle pour le service des habitans du nouveau village d'Orsel, qu'il sera possible, avec le temps et un peu de bonne volonté, de relever un jour sur le lieu qu'il occupa jadis ce monument qu'accueillerait avec satisfaction la piété des fidèles.

(1) On ne le pourrait qu'à l'aide du plan de l'abbaye qui a été fait à l'occasion de la vente; ce plan indique le lieu de la chapelle du couvent, qui faisait face à la porte d'entrée, et l'on sait que la chapelle du Martyre était sous cette chapelle. M. le curé actuel possède ce plan.

PAROISSE.

Des divers établissemens religieux dont nous avons raconté l'histoire, déroulé les annales, que reste-t-il sur la montagne? la vieille paroisse. Presque aussi ancienne que le culte du vrai Dieu à Montmartre, elle a paisiblement assisté aux illustrations de l'abbaye dont elle était la vassale. Elle en a reçu ses pasteurs qui, tant que dura l'ancien état de choses, ne furent considérés que comme vicaires perpétuels de l'abbesse, curé primitif du lieu.

Bien que plusieurs de ceux qui se sont succédé pendant tant de siècles dans la cure de Montmartre aient été des hommes distingués, ils occupent peu de place dans l'histoire. Leurs noms seraient ignorés s'ils ne figuraient dans les archives de l'abbaye à titre de régisseurs ou de receveurs de ce grand monastère.

Constamment tenus par les abbesses dans une

dure dépendance, nous les avons vus quelquefois, mais toujours en vain, chercher à s'affranchir.

Ce que de longs efforts n'avaient pu obtenir, la révolution le réalisa un jour. La suppression de l'abbaye, en vertu du décret de l'assemblée nationale du 13 février 1790, fit entrer M. PICHON, alors desservant de la paroisse, dans le véritable titre de curé, dépendant uniquement de l'archevêché de Paris. Il était fort âgé et ne survécut que peu de temps à ces premiers évènemens.

M. CASTELLAN lui succéda. Cet ecclésiastique et son vicaire, après avoir long-temps refusé leur adhésion à la constitution civile du clergé (décrétée le 27 novembre 1790), eurent la faiblesse de céder avec peur et regret à la loi coërcitive rendue le 29 novembre 1791, et prêtèrent le serment exigé.

Vers le milieu de l'année 1792, la petite chapelle de Notre-Dame-de-Lorette se trouvant enfermée dans Paris par le mur de clôture récemment terminé, M. Castellan pensa à en demander le bénéfice qui devenait alors plus avantageux que sa cure. Il l'obtint, quitta Montmartre, et resta dans ce nouveau poste jusqu'aux jours de la terreur.

Après cette triste époque, lorsque, sous le nom d'*oratoires*, il fut permis aux catholiques de rouvrir leurs temples, les habitans de Montmartre qui lui avaient gardé un bienveillant souvenir, appelèrent M. Castellan. Il revint vers eux et administra la paroisse jusqu'en 1799.

Il mourut cette année des suites d'une chute violente qu'il fit un soir, en se heurtant contre un arbre renversé en travers d'un chemin.

M. Castellan avait rétracté son serment ; il est mort dans l'unité de l'Église.

Un ex-prieur des prémontrés, M. BERTHEROUD DE LONG-PREZ, lui succéda vers la fin de 1802. C'est à lui que la paroisse est redevable de la création du calvaire. Il profita du séjour du pape Pie VII en France pour demander l'érection d'un chemin de la Croix, composé de neuf stations, en tout semblable à celui établi jadis sur le mont Valérien.

Il sollicitait aussi du souverain pontife des bulles d'indulgences plénières et partielles, pour les octaves de l'Invention et de l'Exaltation de la Sainte-Croix, et pour celles des fêtes de Saint-Pierre et de Saint-Denis, les patrons de ce lieu.

Le nonce du pape lui accorda sa demande et adressa à M. le cardinal de Belloy, alors archevêque de Paris, des bulles en date **du 3 mai 1805**, dont la teneur suit :

Die 3a Martii, 1805.	3 Mars 1805.

Nos JOANNES BAPTISTA, tituli Sancti Honuphrii, S. R. E. Presbyter Cardinalis CAPRARA, Archiepiscopus Mediolanensis.	Nous JEAN-BAPTISTE CAPRARA, du titre de Saint Onuphre, Cardinal Prêtre de la Sainte Eglise Romaine, Archevêque de Milan.

Ex audientiâ Sanctissimi, Parisiis, die 3ᵈ Martii 1805.	De l'audience de Notre Saint Père le Pape, Paris, 3 Mars 1805.
SANCTISSIMUS, ad augendam Fidelium devotionem ac pietatem erga Mysteria Passionis et Mortis Redemptoris et Domini Nostri Jesu Christi, precibus moderni Rectoris Succursalis Ecclesiæ Sancti Petri Montis Martyrum Parisiensis Diœcesis benignè inclinatus, Ordinario Parisiensi facultatem impertitur erigendi consuetâ formâ, sive per se, sive per memoratum Rectorem, vel per aliam personam Ecclesiasticam ab eo ad hunc effectum specialiter subdelegandam, in supradictâ Ecclesiâ Stationes Viæ Crucis, cum applicatione omnium Indulgentiarum quæ ab Apostolicâ Sede pio huic exercitio adnexæ fue-	Pour accroître la dévotion des Fidèles et leur piété envers les mystères de la Mort et Passion de Notre Rédempteur et Seigneur Jésus-Christ, Notre Très-Saint Père PIE VII, voulant accueillir favorablement la demande et prière du Curé actuel de l'Eglise Succursale de Saint-Pierre de Montmartre, Diocèse de Paris, accorde à l'Ordinaire Diocésain la faculté d'ériger dans la forme accoutumée, ou de faire ériger et établir, soit par le Curé actuel de ladite Eglise, soit par toute autre personne Ecclésiastique qu'il jugera à propos de déléguer à cet effet, les Stations du Calvaire, ou Chemin de la Croix, avec l'application de toutes les Indulgences qui ont été par le Saint Siége Apostolique an-

runt. Contrariis quibuscumque non obstantibus.

J. B. Card. CAPRARA.
(Locus sigilli.)
J. A. S.   Reg. 3.   147.

W.

JOANNES BAPTISTA, tituli Sancti Joannis ante Portam Latinam, S. R. E. Presbyter Cardinalis DE BELLOY, Archiepiscopus Parisiensis, Dilecto Nostro Rectori Succursalis Ecclesiæ Sancti Petri de Monte Martyrum, nostræ Diœcesis, Salutem in Domino.

Virtute facultatis Nobis per Summum Pontificem concessæ, per actum de die tertiâ hujus mensis retrò scriptum, te, ad erigendas in Ecclesiâ Sancti Petri de Monte Martyrum Stationes *Viæ Crucis*, cum applicatione omnium Indulgentiarum, quæ ab Apostolicâ Sede pio huic exercitio adnexæ fuerunt, subdelegavimus et subdelegamus per præsentes.

Datum Parisiis, sub signo Vicarii nostri generalis, si-

nexées à cet exercice de piété, nonobstant tout usage ou ordonnances contraires.

J. B. Card. CAPRARA.
(Lieu du sceau.)
J. A. S.   Reg. 3.   147.

W.

JEAN-BAPTISTE DE BELLOY, du titre de Saint-Jean-Porte-Latine, Cardinal Prêtre de la Sainte Eglise Romaine, Archevêque de Paris, à notre cher et aimé Curé de l'Eglise Succursale de Saint-Pierre de Montmartre, de notre Diocèse, Salut dans le Seigneur.

En vertu de la faculté qui nous a été accordée par le Souverain Pontife, par acte du 3 de ce mois, transcrit ci-dessus, nous vous avons délégué et déléguons par ces présentes, à l'effet d'ériger et établir dans l'Eglise de Saint-Pierre de Montmartre, les Stations du Calvaire ou Chemin de la Croix, avec l'application de toutes les Indulgences annexées par le Saint-Siége Apostolique à ce pieux exercice.

Donné à Paris sous le seing de notre Vicaire général, notre

9

gillo nostro ac Secretarii Archiepiscopatùs nostri subscriptione, anno Domini millesimo octingentesimo quinto, die verò mensis Martii vigesimâ octavâ.

Mons, Vicarius generalis.

(Locus sigilli.)

De Mandato Eminentissimi et Reverendissimi D. Domini Cardinalis Archiepiscopi Parisiensis.

BUÉE, Secretarius.

PIUS PAPA SEPTIMUS.
Ad perpetuam rei memoriam.

Ad augendam Fidelium religionem et animarum salutem cœlestibus Ecclesiæ Thesauris piâ charitate intenti, omnibus utriusque sexûs Christi fidelibus verè pœnitentibus et confessis, ac sacrâ Communione refectis, qui Succursalem Ecclesiam Sancti Petri Principis Apostolorum Montis Martyrum Parisiensis Diœcesis, diebus Festis Sancti Petri Apostoli, Inventionis et Exaltationis Sanctissimæ Crucis, Sancti Dionysii et Sociorum ejus, ac in unâ

sceau et le contre-seing du Secrétaire de notre Archevêché, le vingt-huit Mars de l'an du Seigneur 1805.

Mons, Vicaire général.

(Lieu du sceau.)

Par ordre de son Eminence et Révérendissime Monseigneur le Cardinal Archevêque de Paris.

BUÉE, Secrétaire.

PIE VII PAPE.
Pour la mémoire perpétuelle de la chose.

Usant d'une pieuse charité pour augmenter par les richesses célestes de l'Eglise la religion des Fidèles et le salut des âmes, par ces présentes, nous accordons miséricordieusement dans le Seigneur l'Indulgence Plénière et la Rémission de tous leurs péchés, à tous les Fidèles de Jésus-Christ de l'un et de l'autre sexe vraiment pénitens, qui, après s'être confessés et avoir reçu la sainte Communion, visiteront avec dévotion, chaque année, à Montmartre, Diocèse de Paris, l'Eglise Succursale de Saint-Pierre, Prince des Apô-

die per infrà dictarum respectivè Festivitatum Octavas, sive diebus in quibus incidunt, sive Dominicis ad quas translatæ sunt, singulis annis, devotè visitaverint; ibique pro Christianorum Principum concordiâ, Hæresum extirpatione, ac Sanctæ Matris Ecclesiæ exaltatione, pias ad Deum preces effuderint; quo die præfatorum id egerint, Plenariam omnium peccatorum suorum Indulgentiam et Remissionem misericorditer in Domino concedimus. Præsentibus et speciali gratiâ perpetuis futuris temporibus valituris, perindè ac si Litteræ Apostolicæ in formâ Brevis desuper expeditæ fuissent, contrariis quibuscumque non obstantibus.

Datum Parisiis, hac die tertiâ Martii anno Domini 1805.

J. B. Card. CAPRARA.

(Locus sigilli Summi Pontificis.)

J. A. S. Reg. 2. 808.

Walsh.

tres, aux Fêtes de saint Pierre Apôtre, de l'Invention et de l'Exaltation de la Sainte Croix, de saint Denis et de ses Compagnons, et à un des jours pendant les Octaves respectivement desdites fêtes, soit les jours où elles tombent, soit des dimanches où elles auront été transférées; et qui prieront Dieu avec piété, en ce lieu, pour la concorde entre les Princes Chrétiens, l'extirpation des hérésies, et l'Exaltation de l'Eglise notre sainte Mère, tel des jours susdits, qu'ils aient exécuté ces conditions.

Les présentes devant valoir à perpétuité pour les temps à venir, comme s'il en avait été expédié des Lettres Apostoliques en forme de Bref, nonobstant toutes choses à ce contraires.

Donné à Paris, ce troisième jour de Mars, l'an du Seigneur 1805.

J. B. Card. CAPRARA.

(Lieu du sceau).

J. A. S. Reg. 2. 808.

Walsh.

JOANNES BAPTISTA, tituli Sancti Joannis ante Portam Latinam, S. R. E. Presbyter Cardinalis DE BELLOY, Archiepiscopus Parisiensis.	**JEAN-BAPTISTE DE BELLOY**, du titre de Saint-Jean-Porte-Latine, Cardinal Prêtre de la sainte Eglise Romaine, Archevêque de Paris.
Indultum retrò scriptum à Nobis visum executioni demandari in memoratâ Sancti Petri de Monte Martyrum Succursali Ecclesiâ, permisimus et permittimus per præsentes.	Nous avons permis et permettons par ces présentes, que l'Indult ci-dessus rapporté, vu par nous, soit mis à exécution dans ladite Eglise Succursale de Saint-Pierre de Montmartre.
Datum Parisiis, in Palatio nostro Archiepiscopali, sub signo Vicarii nostri generalis, sigillo nostro, ac Secretarii Archiepiscopatùs nostri subscriptione, anno Domini millesimo octingentesimo quinto, die verò vigesimâ quintâ mensis Martii.	Donné à Paris, dans notre Palais Archiépiscopal, sous le seing de notre Vicaire général, notre sceau et le contre-seing du Secrétaire de notre Archevêché, le vingt-cinq Mars de l'an du Seigneur dix-huit cent cinq.
Mons, Vicarius generalis.	Mons, Vicaire général.
(Locus sigilli DD. Card. DE BELLOY, Arch. Parisiensis.)	(Lieu du sceau.)
De Mandato Eminentissimi et Reverendissimi D. Domini Cardinalis Archiepiscopi. BUÉE, Secretarius.	Par ordre de son Eminence Révérendissime Monseigneur le Cardinal Archevêque de Paris, BUÉE, Secrétaire.

M. Bertherand s'occupa donc de l'érection de la croix et des chapelles dans l'intérieur de l'église.

Il fut puissamment aidé, dans l'exécution de ces travaux, par un saint prêtre, anglais de nation, nommé Dubois, qui vivait retiré à Montmartre, et qui, de ses propres mains, fit la plupart des stations qu'on y voyait encore, il y a quelques années. En apprenant cette particularité, ceux qui ont peut-être blâmé la grossièreté des peintures et du travail de ces pauvres chapelles, béniront la mémoire de ce bon prêtre.

En 1806, au mois d'avril, M. Bertherand de Long-Prez ayant été nommé à la cure de Chaillot, M. DAUDY lui succéda et régit la paroisse jusqu'au mois de février 1809. Il eut pour successeur M. DUBOIS, ce saint prêtre dont nous avons parlé plus haut. Celui-ci, installé le 27 février, donna sa démission six semaines après, se retira à Paris, nommé chanoine honoraire de Notre-Dame, et mourut le 16 mars 1822, léguant à la fabrique de Montmartre, outre divers ornemens, une rente perpétuelle de 1,200 francs, dont la moitié est affectée à dire une messe par semaine pour le repos de son âme.

Il eut pour successeur M. CAIRE DE BLAZER, qui prit possession le 15 avril 1809, et resta curé de la paroisse jusqu'au mois de juin 1822, c'est-à-dire près de quatorze années. C'est en quelque sorte à lui, comme nous l'avons dit plus haut, que Montmartre doit le chemin neuf qui, en le rendant accessible aux voitures, a changé la face du pays.

A l'époque de l'invasion étrangère, et pendant le siége de Paris, il n'abandonna pas son troupeau et rendit au pays d'éminens services. Durant les combats des 29 et 30 mars, livrés au pied de Montmartre, il ne cessa pas de prodiguer des soins charitables et des secours spirituels aux blessés et aux mourans. Il fit, conjointement avec les autorités militaires et municipales, relever plus de mille morts sur le champ de bataille, et il les fit enterrer avec décence, dans l'ancien cimetière, contigu à l'église, fit pour eux les prières et versa l'eau sainte sur leur tombe.

Après avoir gouverné la paroisse pendant près de quatorze ans, estimé et aimé de tous les habitans, il se vit en butte à des contrariétés et des tracasseries de la part du maire de la commune, qui lui-même, un peu plus tard, détesté des habitans, fut traduit en justice et accusé de concussion. M. Caire de Blazer donna sa démission au mois de juin 1822, et se retira dans la paroisse de la Madeleine, où il est resté, comme prêtre administrateur, jusqu'à sa mort, arrivée en 1841. Lors du procès intenté au maire, quoiqu'il eût beaucoup à se plaindre de sa conduite à son égard, il montra ce qu'est un véritable ministre des autels : appelé en justice comme témoin, non seulement il n'augmenta pas les charges qui pesaient sur lui, mais il le défendit et contribua à le faire acquitter.

La paroisse de Montmartre resta pendant près de six mois privée de pasteur, et fut desservie par M. Mezeray, curé de La Chapelle; enfin, au mois de décembre 1822, un prêtre, qui plus tard se rendit fameux par une complaisance qu'il ne nous appartient pas de qualifier (1), l'abbé Baradère, fut nommé à la cure de Montmartre, où il ne fit que passer, car à peine dix mois s'étaient écoulés qu'il eut pour successeur M. Géneret, qui prit possession le 14 septembre 1823. Celui-ci gouverna pendant quatre ans la paroisse, et commença à s'occuper de l'embellissement de l'église, qui était depuis la grande révolution dans un état déplorable. C'est

(1) C'est lui qui, dans la première quinzaine de mai 1831, après s'être interposé entre l'autorité ecclésiastique et M. Henri Grégoire, ex-évêque constitutionnel de Loir-et-Cher (et non de Blois, comme on s'obstine à le prétendre), fit administrer à ce prêtre conventionnel les derniers sacremens. Il officia aux obsèques de cet opiniâtre prélat et fit les absoutes à son service célébré dans l'église de l'abbaye aux Bois, à Paris, que le clergé titulaire de la paroisse avait dans cette circonstance abandonnée à la discrétion des amis ou fauteurs du défunt avec lesquels il était impossible qu'il pût pactiser.

à lui qu'on doit le grand autel, avec ses accessoires, la grille qui ferme le chœur; on lui doit aussi les vases sacrés.

On se servit, pour la construction du maître-autel, d'une grande pierre trouvée en fouillant sur le parvis de l'église, vers la porte du couloir qui conduit au télégraphe. Cette pierre avait été considérée d'abord comme ayant servi à couvrir une tombe antique. Mais cinq croix, gravées aux angles et au milieu, sur la face tournée vers la terre, indiquèrent la table d'un ancien autel, et peut-être même celui qui servit à la consécration de l'église, ce qui donna à M. Généret l'idée de s'en servir pour le maître-autel.

Au mois de novembre 1826, il donna sa démission et vint demeurer à Paris, sur la paroisse de Saint-Nicolas-des-Champs, où il est encore.

M. SALLESSE, curé de Suresnes, lui succéda; et prit possession le 25 novembre 1812.

C'est lui qui fit ériger la paroisse en cure de deuxième classe; cette érection eut lieu le 12 décembre 1827.

M. Sallesse donna sa démission en 1830, et fut remplacé par M. Ottin, curé actuel. Celui-ci prit possession de la cure de Montmartre le 29 juin 1830.

Aussi attaché à son troupeau que M. Caire de Blazer, il ne quitta pas ses paroissiens dans les journées de juillet, ou plutôt, parti la veille de ces journées pour aller fermer les yeux de son père, il revint de suite dans la paroisse. Il reçut sans s'effrayer et avec une confiance toute française un fort détachement de volontaires parisiens qui venaient pour garder le télégraphe, et qui protégèrent en même temps l'église, où le service divin ne souffrit aucune interruption. Après quelques jours, ils retournèrent à Paris, contens du curé, qui, de son côté, leur témoigna sa reconnaissance de leur honorable conduite.

M. Ottin, plein de zèle, de jeunesse et d'ardeur, a su mettre sa paroisse sur un pied d'embellissement et de prospérité inconnus avant lui.

Il a remplacé, d'abord, par deux belles cloches celle qui depuis vingt ans était cassée et solitaire dans le beffroi. Il dota ensuite l'église du buffet d'orgues de l'ancienne chapelle de Notre-Dame-de-Lorette. Il en fit l'acquisition lors de la translation de cette paroisse dans la neuve église. Il construisit, sous le clocher, la chapelle des fonts, il s'occupa ensuite de la restauration complète des bâtimens de l'église. En 1835, ayant conçu le projet de relever le Calvaire, et d'en établir un à l'extérieur, il fit confirmer par Grégoire XVI toutes les bulles d'indulgences accordées en 1805 par Pie VII, et obtint du même pontife de nouvelles indulgences particulières pour des visites faites au Calvaire de Montmartre les troisième et quatrième dimanches de chaque mois de l'année ; voici le texte de ces indulgences :

Die 28ª Julii an. 1833.	28 juillet 1833.
Ex Audientiâ Sanctissimi habitâ die 28ª Julii 1833.	De l'Audience de N. S. P. le Pape, à Rome, le 28 juillet 1833.

SANCTISSIMUS Dominus noster GREGORIUS, divinâ Providentiâ Papa XVI, Referente me infrà scripto S. Congregationis de Propagandâ Fide Secretario omnibus et singulis utriusque sexûs Christi fidelibus qui verè pœnitentes confessi et sacrâ Communione refecti Ecclesiam Montis Martyrum Diœcesis Parisiensis necnon Crucem publicam seu Calvarium non longè ab eadem Ecclesiâ erectum, devoti visitaverint diebus Festis Inventionis et Exaltationis Sanctæ Crucis et Octavis corumdem Festorum, ibique per aliquod temporis spatium pias ad Deum preces effuderint pro sanctæ Fi-

Sa Sainteté, le Pape GRÉGOIRE XVI, sur le rapport que nous, soussigné, Secrétaire de la sainte Congrégation de la Propagation de la Foi, lui avons fait, donne et accorde en Notre-Seigneur, et à perpétuité (toutefois avec le consentement de l'Ordinaire) :

1° Une Indulgence plénière applicable par forme de suffrage aux âmes du Purgatoire, à tous et chacun des fidèles de l'un et de l'autre sexe, qui, vraiment pénitens, s'étant confessés et ayant communié, visiteront dévotement l'église de Montmartre, au diocèse de Paris, ainsi que la grande Croix où le Calvaire érigé en la même église, aux jours des fêtes de l'Invention et de l'Exaltation

dei Propagatione; plenariam Indulgentiam, in perpetuum valituram, et applicabilem quoque per modum suffragii animabus in Purgatorio detentis (accedente tamen consensu Ordinarii) benignè concedit atque in Domino misericorditer impertitur.

Insuper eisdem Christi fidelibus devotè visitantibus dictam Crucem publicam seu Calvarium, ibique orantibus ut suprà, partialem Indulgentiam centum dierum bis in mense lucrandam diebus ab Ordinario statutis ac applicabilem etiam animabus in Purgatorio detentis, et accedente Ordinarii consensu, benignè etiam concedit, atque in Domino misericorditer impertitur.

Datum Romæ, ex ædibus dictæ sacræ Congregationis, die et anno quibus suprà.

  Angelus MAIUS,
 S. C. Pr. F. Secretarius.

Hyacinthus − Ludovicus DE QUELEN, miseratione divinâ et sanctæ Sedis Apos-

de la Sainte-Croix et pendant leurs Octaves, et y prieront dévotement pendant quelque temps pour la Propagation de la Foi.

2º Une Indulgence partielle de cent jours à gagner deux fois le mois par ceux qui visiteront dévotement la grande Croix ou le Calvaire, aux jours désignés par l'Ordinaire.

Donné à Rome à la sacrée Congrégation, les jour et an que dessus.

Signé Ange MAI, secrétaire de la Congrégation de la Propagation de la Foi.

Hyacinthe-Louis DE QUELEN, par la miséricorde divine et la grâce du saint Siége Apostolicæ gratiâ, Archiepiscopus Parisiensis, etc.

Vidimus [Indulgentiarum litteras apostolicas, ex alterâ parte descriptas, et earum publicationem per præsentes permisimus et permittimus in nostrâ Diœcesi, cum ceteris anterioribus Indulgentiarum litteris ad idem spectantibus et postquam de earum authenticitate nobis constitit; et ad lucrandam partialem Indulgentiam, juxtà dictas litteras 28 julii 1833 concessam, designamus secundam et quartam Dominicam uniuscujusque mensis.

Datum Parisiis, sub signo Vicarii nostri generalis, sigillo nostro et Secretarii Archiepiscopatûs nostri subscriptione, anno Domini millesimo octingentesimo trigesimo tertio, die verò mensis augusti trigesimâ primâ.

BOUDOT,
Vicarius generalis.

De Mandato,

MOLINIER,
Canonicus, Secretarius.

tolique, Archevêque de Paris, etc.

Vu le Bref d'Indulgences ci-dessus, nous avons permis et permettons par ces présentes, de le publier dans notre Diocèse, avec les autres lettres d'Indulgences accordées antérieurement et pour le même objet, après que nous nous sommes assuré de leur authenticité ; et pour gagner l'Indulgence partielle mentionnée audit Bref du 28 juillet 1833, nous désignons le second et le quatrième Dimanche de chaque mois.

Donné à Paris sous le seing de Notre Vicaire-général, le sceau de nos armes, et le contreseing du Secrétaire de notre Archevêché, le trente-un août de l'an du Seigneur mil huit cent trente-trois.

BOUDOT, Vicaire-général.

Par Mandement,

MOLINIER, Chanoine,
Secrétaire.

Il établit ensuite, dans un terrain contigu à l'église, un Calvaire dont les stations construites avec beaucoup de goût et d'intelligence, sont des modèles parfaits des divers genres d'architecture religieuse et une sorte de chronologie de l'art chrétien. Des bas-reliefs dessinés et exécutés avec talent y représentent les diverses scènes de la Passion. Tout dans cet établissement concourt à faire naître ou à entretenir dans les cœurs les sentimens d'une religieuse admiration, et entraîne à la piété que les souvenirs qui y sont à chaque pas rappelés par la méditation, contribuent encore à soutenir et à fortifier.

En 1842, sur la demande des fidèles qui désiraient changer en neuvaine le pélerinage qui, selon la teneur des indulgences, ne doit durer que huit jours, M. le Curé obtint, par l'entremise de Monseigneur Affre, archevêque de Paris, du souverain Pontife Grégoire XVI, en date du 26 avril 1842, une indulgence plénière pour le neuvième jour, dont voici le texte avec la demande faite par M. le Curé :

BEATISSIME PATER,	TRES SAINT PERE,
Parochus Ecclesiæ Montis Martyrum, in Galliâ, Parisiis, ad pedes Sanctitatis	Le curé (1) de l'église de Montmartre, située en France, auprès de Paris, humblement

(1) M. Ottin.

Vestræ provolutus, humiliter postulat Indulgentiam plenariam, bis in anno lucrandam à Fidelibus qui interfuerint officio pro defunctis quod celebratur die immediatè sequenti post octavas festorum Inventionis et Exaltationis Sanctæ Crucis.

Ex audientia Sanctissimi.

Sanctissimus Dominus noster Gregorius Papa XVI, omnibus utriusque sexûs Christi fidelibus plenariam indulgentiam, bis in anno acquirendam, die videlicet immediatè sequenti post respectiva octidua de quibus in precibus, si verè pœnitentes et confessi sanctissimum Eucharistiæ sacramentum sumpserint, necnon parochialem de quâ in precibus ecclesiam visitaverint, ibique per aliquod temporis spatium, **juxtà mentem** Sanctitatis Suæ oraverint, ac insuper defunctorum officio, in dictâ ecclesiâ, prout in ipsis precibus, celebrando interfuerint, benignè in

prosterné aux pieds de Votre Sainteté, la supplie de vouloir bien accorder une Indulgence plénière qui puisse être gagnée deux fois l'année par les fidèles qui assisteront à l'office des morts qui se célèbre le jour qui suit immédiatement les octaves des fêtes de l'Invention et de l'Exaltation de la Sainte Croix.

De l'Audience du Souverain Pontife.

Sa Sainteté le Pape Grégoire XVI, accorde à perpétuité, deux fois l'année, le jour consacré au service solennel pour les trépassés, qui suit immédiatement l'octave des fêtes de l'Invention et de l'Exaltation de la Sainte Croix, une indulgence plénière applicable aux âmes du purgatoire, à tous les fidèles de l'un et de l'autre sexe qui, vraiment pénitens et après s'être confessés, recevront le sacrement de l'Eucharistie et visiteront l'église paroissiale de Montmartre, y prieront pendant quelque temps à l'intention de Sa Sainteté et assisteront à l'office des défunts qui se célèbre dans cette église.

perpetuum concessit absque ullâ Brevis expeditione et cum facultate eamdem indulgentiam in suffragium fidelium defunctorum applicandi.

Datum Romæ, ex secretariâ Sacræ Congregationis indulgentiarum, die 26 aprilis 1842;	Donné à Rome, sans autre expédition de bref, au secrétariat de la sacrée Congrégation des indulgences, le 26 avril 1842.
C. Card. Castracoene, pref.	Le Cardinal Castracoene, préfet.
Visum ac usui datum, Parisiis, 17ª Junii 1842.	Vu et approuvé pour être publié dans le Diocèse, par Monseigneur Denis Affre, archevêque de Paris. Ce 17 juin 1842.
Gros, Vic. gen.	Signé : Gros, vicaire général.

La paroisse de Montmartre possède encore aujourd'hui quelques-unes des anciennes reliques dont le nombre était jadis si considérable sur les autels tant de l'abbaye que de la chapelle du Martyre.

Ces reliques, les unes dépouillées de leurs reliquaires, les autres, dans des châsses en mauvais état, sont restées déposées au presbytère, où elles attendent les secours de la piété des fidèles pour la construction de nouveaux reliquaires, où, convenablement placées, elles puissent ensuite être de nouveau exposées à la piété des fidèles.

Au chapitre de l'Abbaye nous aurions pu dire combien ce monastère était riche en restes précieux des martyrs ou des confesseurs de la foi; mais nous avons cru plus convenable de reporter ces détails au chapitre particulier de la Paroisse.

Ces sacrés ossemens étaient conservés religieusement dans des reliquaires d'or et d'argent ou dans des tableaux artistement travaillés. Les fidèles venaient se prosterner avec vénération devant les châsses qui renfermaient entre autres les reliques de saint Laurent, saint Jacques, saint Barthélemy, saint Mathias, sainte Agnès, sainte Lucie, saint Patrice, sainte Euphrosine, sainte Luce, saint Paul, saint Philippe, sainte Berthe, sainte Béatrice, saint Nicolas, sainte Julienne, sainte Chantal, saint Blaise, sainte Thècle, saint Sébastien, saint Eric, roi de Suède; saint Fructueux, saint Constant, saint Ferdinand, sainte Marine, saint Vincent de Paul, des saints martyrs de Montmartre (1), etc., etc.

Comme objets précieux et sacrés, l'abbaye possédait encore une dent de la reine Berthe, un morceau d'étoffe de laine, fragment de la robe de

(1) Ossemens des premiers chrétiens martyrisés sur notre montagne.

Notre-Seigneur et un anneau en fer provenant de la chaîne de saint Jean-Baptiste.

On le voit, peu d'églises étaient aussi favorablement partagées que celle de Montmartre. Toutes ces reliques, appartenant à l'abbaye, s'exposaient indistinctement dans la chapelle du couvent, dans celle du Martyre et sur les autels de la paroisse.

Les pieux fidèles apprendront avec joie qu'aucune de ces richesses saintes n'a été perdue, qu'aucune n'a été profanée. Nous allons dire comment une grande partie d'elles ont été sauvées.

Quelque temps avant les jours de leur expulsion, les religieuses prévirent les excès auxquels ne devaient pas tarder de se livrer ceux qui alors donnaient leurs lois à la France. Laissant à la cupidité spoliatrice ce qui seul pouvait la satisfaire, l'abbaye résolut d'abandonner ses riches châsses, ses brillans reliquaires, et songea à mettre les ossemens saints en lieu de sûreté. Une sœur religieuse, madame de Saint-Laurent, au vu et au su de toute la communauté, vida toutes les châsses, enferma soigneusement tous les restes sacrés dans une caisse bien close, et pour soustraire ce précieux trésor aux perquisitions qu'on redoutait, elle alla l'enfouir secrètement dans le cimetière de la paroisse de la Cour Neuve, près Saint-Denis.

Quand de meilleurs jours se levèrent sur la France, la sœur Saint-Laurent, de concert avec le P. Saint-Simon, ex-oratorien, sortirent la précieuse caisse de la cachette et la portèrent à Paris entre les mains de M. Durand, aumônier de l'hospice des incurables-femmes, rue de Sèvres. Cet ecclésiastique garda silencieusement la caisse jusqu'en 1811. Surpris alors par une maladie, et craignant qu'un jour ce dépôt sacré, passant à des héritiers insoucians, fût perdu pour la piété des fidèles, il en fit la déclaration et la remit entre les mains de MM. Despinasse et Malaret, vicaires-généraux du diocèse. Ces précieux restes, quoique privés d'authentique officiel, furent dès ce moment exposés à la vénération des fidèles, après avoir été placés dans les socles de quatre bustes représentant saint Pierre, saint Paul, saint François de Sales et saint Vincent-de-Paul, et dans deux grands cadres.

En 1837, l'aumônier et les sœurs religieuses de l'hospice des incurables, voulant faire cesser l'irrégularité de cette exposition de reliques non revêtues d'authenticité, adressèrent, le 14 novembre, à M. de Quelen, archevêque de Paris, une requête à l'effet d'obtenir une enquête en règle, pour constater l'authenticité de ces reliques. Le prélat ne tarda pas à faire droit à cette demande. Une commission fut nommée, et, sous la présidence de M. l'abbé Quentin, promoteur de Paris, le 19 décembre 1837, examen, vérification et procès-verbal furent faits de toutes les reliques provenant de l'ancienne abbaye de Montmartre. Entre autres signataires de l'acte dressé à ce sujet, on remarque au pied du procès-verbal mesdames Marie Dupoteil, Justine Desplas et Marie-Anne Desplas, anciennes religieuses de l'abbaye de Montmartre.

Les quatre bustes et les deux tableaux, contenant toutes les reliques provenant de Montmartre, au nombre de quatre-vingt-treize fragmens, plus ou moins considérables, et, de plus, les autres objets que nous avons cités, sont conservés dans l'église de l'hospice des Incurables.

Nous devons les détails qu'on vient de lire à l'obligeance de M. Constant, aumônier actuel de cet établissement, qui a bien voulu nous donner communication du procès-verbal.

Les autres reliques, en plus grand nombre encore, et au moins aussi précieuses, sont, comme nous l'avons dit plus haut, déposées dans la demeure de M. le curé, en attendant la réparation ou l'acquisition de reliquaires qui permettent de les exposer publiquement dans l'église, à la piété des fidèles.

Nous ne terminerons pas ce chapitre sans

rappeler à deux paroisses de Paris, qui, dans leur splendeur présente, méconnaissent leur sujétion originelle, qu'elles sont filles de Montmartre. Leurs territoires sont circonscrits dans ses anciennes dépendances; ils faisaient autrefois partie intégrante de ses domaines et de la censive de l'abbesse.

Notre-Dame-de-Lorrette, nous croyons l'avoir dit, n'était originairement qu'une petite chapelle érigée sur les limites du faubourg Montmartre, du consentement de l'abbesse, pour les besoins spirituels de la population croissante de Paris, au commencement du 17ᵉ siècle (1).

Saint-Vincent-de-Paul a succédé, dans le haut du faubourg Poissonnière, à une autre chapelle élevée vers le milieu du même siècle, sous l'invocation de Sainte-Anne, en faveur d'un nouveau quartier qui se formait vers le bas de la butte et prenait alors le nom de Nouvelle-France.

Malgré ces démembremens, qu'on peut appeler considérables, la cure de Montmartre compte aujourd'hui dix fois plus de paroissiens qu'à cette époque.

(1) Aujourd'hui même l'église de Montmartre rentre en possession d'une portion de terre léguée à cette chapelle et, située dans Paris, près de la barrière de Clichy.

L'ÉGLISE DE MONTMARTRE.

Sans être un monument très remarquable, l'église de Montmartre se distingue par le caractère bien prononcé des basiliques chrétiennes des 11e et 12e siècles. Toutes les parties de cet édifice, qui n'ont pas subi d'altération, s'harmonisant entre elles, confirment notre assertion et portent bien le cachet de l'architecture de l'époque que nous indiquons et que la science désigne sous le nom de *Romano-Byzantine*, dernière période.

Le plan de l'église de Montmartre n'affecte pas la croix : c'est un long parallélogramme divisé en trois parties par deux rangs de piliers. La médiane est plus large et plus haute que les latérales ; ces dernières se terminaient autrefois chacune par une chapelle en cul-de-four dont il reste encore des vestiges. Au-delà de ces galeries latérales ou bas-côtés, la nef du milieu se prolongeait en hémycicle et formait ce qu'on appelle l'abside, dont le rond-point était éclairé par trois grandes fenêtres en ogive avec ébrasement intérieur et extérieur, facilitant une grande diffusion de lumière. Parfaitement orientée, l'église recevait les premiers rayons du soleil levant.

Douze piliers, autour desquels viennent se grouper des colonnes et des colonnettes, supportent les arcades en ogive superposées qui soutiennent la voûte; ces piliers divisent la grande nef en cinq travées; de chaque côté de la dernière travée, deux grandes voussures donnaient entrée à droite et à gauche dans les chapelles terminant les deux bas-côtés et formaient ce qu'on pourrait appeler la croisée ou transsept. L'autel paroissial s'élevait jadis sous la sixième, entre les deux chapelles des collatéraux, et formait, avec elles, la clôture de l'abside, qui, exclusivement réservée aux religieuses de l'abbaye, a pris dès-lors et conserve encore de nos jours le nom de Chœur-des-Dames.

C'était là qu'elles assistaient aux offices, et c'est sous le pavé de ce lieu sacré que beaucoup d'abbesses eurent leur sépulture.

Cette partie de l'église qui, pendant les journées révolutionnaires, a beaucoup souffert lors de la destruction des tombeaux, a été retranchée aux besoins du culte; elle a été convertie en magasin où l'on dépose les cercueils pour les morts et divers objets hors de service; elle est en même temps affectée à l'usage du télégraphe ; on y a construit l'escalier qui monte à la tour élevée sur le chevet de l'église.

Du côté des collatéraux, les piliers se dessinent en colonnes cylindriques avec chapiteaux variés ; les uns représentent des végétations réelles, d'autres des découpures ou feuilles fantastiques. Sous les arcs, les colonnettes qui s'adossent aux piliers se terminent en chapiteaux, comme nous venons de le dire. A l'intérieur de la nef, de gros boudins ou tores s'élancent du sol et montent jusqu'à la naissance de la voûte et de là se convertissant en nervures prismatiques, vont se croiser en diagonale sous l'entrados de la voussure de chaque travée. Le point d'intersection est marqué par un boisseau formant clé saillante. Celui de la première travée est orné d'une belle rosette à huit rayons ; celui de la deuxième représente un bouquet de feuilles bien découpées ; celui de la troisième offre l'écusson des armes de l'abbaye ; celui de la quatrième les armes de France.

Deux chapiteaux de colonnes méritent d'être remarqués ; le premier est celui qu'on voit à droite de l'autel de sainte Geneviève, près de la sacristie actuelle ; il nous montre un homme monté à rebours sur un bouc et tenant la queue de l'animal dans la main ; il y a quelque chose de symbolique dans cette représentation ; l'autre est celui d'une colonne adossée au pilier suivant, dans le chœur des Dames, au-delà de l'escalier du télégraphe ; on y remarque un homme dont le vêtement indique un paysan du moyen-âge. Il semble lutter contre une espèce de dragon. Nous laisserons au lecteur le mérite de déchiffrer ces hiéroglyphes ; nous aurions peur de lui en donner une fausse interprétation.

Deux étages de fenêtres règnent dans la muraille au-dessus et dans le tympan des arcs de la grande nef ; le jour vient par celles de l'étage supérieur, qui sont en tiers-point et uniques dans les trois premières arcatures. — Celles du premier étage sont doubles, carrées et de petite dimension, partagées au milieu par deux colonnettes parallèles dans l'épaisseur de l'ébrasement ; celles de la quatrième travée sont doubles aussi, mais en fer à cheval. Ces fenêtres nous semblent avoir été autrefois celles d'une galerie qui, comme au chœur de l'église Saint-Germain-des-Prés, longeait chaque côté de la nef au-dessus du comble des deux bas-côtés. Ultérieurement, nous a-t-on assuré, elles étaient éclairées par le jour qui circulait dans le chenal que formait jadis la contrepente du comble des bas-côtés, qui, avant la dernière réparation de l'église, était aigu et non rampant comme aujourd'hui.

Les bas-côtés, dont la voûte est un véritable plafond maintenant, étaient à l'origine en voussure ogivale avec nervures et arcs croisés comme la grande nef. Cette partie de l'église a sans doute beaucoup souffert, soit des injures du temps, soit des ravages d'un incendie dont nous avons parlé ailleurs; elle n'a pas été refaite dans son état primitif. A propos de cet incendie, les archives de l'abbaye nous disent que la charpente des combles a été remplacée entièrement après le désastre; d'un autre côté, l'abbé Lebeuf remarque que plusieurs fois la toiture de l'édifice avait été reconstruite à neuf. Le clocher que nous voyons n'est qu'une construction en maigre maçonnerie de récente date. Il doit remplacer une ancienne flèche qui aura été détruite par le temps ou par la flamme; cette flèche devait partir du milieu du grand comble, vers la croisée ou transsept. Le portail, dont l'aspect plat et tout moderne n'accuse pas une date dépassant un siècle et demi, a dû être élevé sur les ruines d'une grande façade à triple pignon percée de fenêtres circulaires, lobées de trèfles ou de quatre feuilles. Il débouchait comme aujourd'hui sur le parvis par trois portes, qui, au lieu d'être à linteau carré (1), se présentaient sous des voussures à nervures concentri-

---

(1) On a retrouvé, lors des dernières réparations faites en 1838, des traces d'une grande fenêtre à plein cintre, avec ornement et frise en pointe de diamant.

ques enfoncées dans des ébrasemens en retraite.

Les murs à l'extérieur en maçonnerie de moyen appareil bien conservée, sont couronnés par une corniche ou entablement à moulures, partagée par des consoles ou corbeaux terminés quelquefois par des masques humains et quelquefois par des grotesques. Quelques-uns de ces corbeaux sont taillés en grossiers modillons; d'autres ne sont qu'épanelés; la moulure, à différentes places, est taillée en pointe de diamant.

L'abside à l'extérieur est contenue par des massifs de pierre faisant contreforts et s'avançant en éperons hors d'œuvre. Ces contreforts résistent à la poussée des voûtes élancées du chœur des Dames et supportent les arcs doubleaux sur lesquels s'appuie la tour du télégraphe. Cette partie de l'ancienne église est dans un état de vétusté qui appelle de grandes, mais surtout de promptes réparations. Si ces réparations avaient lieu, en construisant un nouvel escalier pour le service de la tour, on pourrait, sans nuire à la correspondance télégraphique, rendre le chœur des Dames aux exigences du culte et tout à la fois à l'église de Montmartre sa régularité primitive.

Cette antique régularité est parfaite; cependant en considérant de près la construction de ce monument, on croit pouvoir affirmer qu'elle a été reprise à trois fois. Certaines différences qui ne se révèlent pas au premier aspect, constatent ces trois phases d'un même style architectural, parvenu à une période de transition.

L'église de Montmartre est assez bien ornée: la chaire du prédicateur est une menuiserie du XVIII° siècle, assez bien exécutée; la tribune qui soutient l'orgue est élevée sur quatre colonnes toscanes et fait saillie sur la grande nef; des trophées de musique ornent l'intervalle des colonnes, au-dessus de l'entablement, dont la frise est dorique; sur la face antérieure, une balustrade avec acrotères forme attique. La menuiserie de l'orgue, d'un style un peu plus ancien que celui de la chaire, nous paraît d'une meilleure exécution; l'ornement en est d'assez bon goût et présente une montre gracieuse.

Le maître-autel est fait avec une pierre énorme trouvée en 1833 en creusant sur le parvis, près de la porte qui conduit au télégraphe; on croit que cette pierre est celle même sur laquelle le pape Eugène III célébra en 1147. Un tableau de grande dimension, représentant Notre-Seigneur au Jardin des Oliviers, orne le devant de l'autel et garnit le fond du retable, qui s'élève sur quatre colonnes corinthiennes, surmontées d'un fronton.

Ce tableau fait la première station du Calvaire

établi dans l'église et composé de neuf tableaux peints à l'huile d'une touche moins remarquable.

L'église actuelle, privée du chœur des Dames, ne s'étend pas au-delà du cinquième pilier et se termine en ligne droite; l'extrémité de chaque bas côté est occupée par une jolie chapelle; du côté de l'Epître, est celle de la sainte Vierge; du côté de l'Evangile, celle de sainte Geneviève.

Près de la porte latérale de gauche, sous le clocher, dans une salle fermée par une grille, sont placés les fonts baptismaux. La cuve, de forme à peu près ovale, est remarquable par les ornemens sculptés, style renaissance, qui bordent son tour extérieur; d'un côté on y voit, dans un écusson, deux clefs en sautoir, et, de l'autre, le millésime 1537. Ce n'est pas la seule antiquité que possède l'église de Montmartre : l'observateur trouvera de chaque côté de la porte principale, adossée au mur du portail, une colonne monolithe en marbre vert antique, dont le chapiteau du style le plus ancien est très ouvragé. Deux colonnes semblables, mais plus élevées et à chapiteaux différens, quoique de même style, se voient dans le chœur des Dames, à la naissance de l'hémicycle. Ces quatre colonnes ont dû appartenir, dans les temps les plus reculés, à un édifice important; elles ne font pas partie intégrante de l'église, et n'y ont été placées après coup que comme ornement; cela résulte de leur style, entièrement étranger à l'époque de la construction de l'église, et de ce que les chapiteaux ont quatre faces dont deux sont cachées dans la muraille.

Quelques vestiges de sculpture du moyen-âge, qui y ont été trouvés dans les dernières années, et qu'on a vus dans l'enclos du Calvaire, ont été transportés à Paris, au palais des Thermes.

Dans un terrain contigu à l'église, M. Ottin, curé actuel de Montmartre, a établi un calvaire. Les stations, espacées autour de ce vaste enclos, dont le milieu est dessiné en jardin anglais, sont au nombre de neuf. Le dessin et la construction en sont confiés au talent d'un artiste distingué, M. Courtin, qui nous prouve par la délicatesse de sa manière et la richesse de son ornementation, sa connaissance approfondie de l'art chrétien et les abondantes ressources de son génie. Une description écrite ne donnerait qu'une imparfaite idée des compositions de M. Courtin, qui sont un résumé bien déterminé de l'art catholique à toutes ses époques.

Les trois croix sont élevées sur un beau rocher qui termine le jardin; à droite du spectateur, une grotte souterraine représente le saint Sépulcre, qui, par sa forme intérieure et ses dimensions, rappelle celui de Jérusalem.

Encore quelques années, lorsqu'une végétation plus avancée fournira un peu d'ombrage dans ce religieux asile élevé au recueillement et à la piété, les âmes mélancoliques et sensibles aimeront de plus en plus à y venir prier et méditer dans le silence de l'isolement et de la paix.

CLIGNANCOURT.

Notre histoire de Montmartre serait incomplète si nous ne terminions par un mot sur Clignancourt, ancien écart de la paroisse, situé au bas du côteau septentrional de la butte, en regard de la ville de Saint-Denis.

Suivant un ancien cartulaire de l'évêché de Paris, une maison de plaisance, appartenant à un seigneur dit de Clignancourt, existait là dès le XIIIe siècle. Nous ne discuterons pas la valeur des étymologies que l'abbé Lebeuf donne au nom de ce hameau, nous constatons simplement son existence. On écrivait jadis *Clignencourt*.

Il fut, nous l'avons fait remarquer, ravagé en 1475 par les Bourguignons.

Quoique ce hameau dépendît de Montmartre, l'abbaye de Saint-Denis y avait une prévôté tenue par un de ses religieux; la collation de cet office appartenait à l'évêque de Paris.

En 1579, Clignancourt appartenait à un seigneur du nom de Jacques Liger ou Legier, trésorier du cardinal de Bourbon (1). Ce Liger, qui était grandement importuné par la goutte, obtint d'y bâtir une chapelle pour son usage. Elle fut dédiée sous le vocable de la sainte Trinité (2). Le curé de Montmartre, ou un prêtre délégué par lui, y célébrait la messe les jours de dimanche et de fête.

Quoique Liger se prétendît seigneur de Montmartre, et que le titre lui en ait été donné plus tard dans son épitaphe en l'église de Saint-Severin, à Paris, ce n'est qu'avec l'agrément de l'abbesse, Marie de Beauvilliers, que son fils, en 1615, sur la permission de l'évêque de Paris, put y faire chanter dans sa chapelle une grand'messe le jour de la Trinité, avec défense toutefois d'y faire la bénédiction de l'eau et celle du pain.

Le fils Liger, par testament passé, le 30 avril 1620, devant maître Fardeau, notaire à Paris, ajouta, à la fondation de son père, une messe pour tous les jours non fériés de l'année. Les dames de Montmartre furent chargées de l'exécu-

(1) Qui fut soi disant roi de France pour ou par les ligueurs, en 1590.

(2) L'emplacement de cette chapelle, occupé aujourd'hui par un marchand de vin, fait le coin de la rue Saint-Denis et de la place Marcadet, une tourelle le fait reconnaître.

tion de ce testament jusqu'en 1728. A cette époque, elles en obtinrent la réduction.

Lorsque la procession septennaire de l'abbaye de Saint-Denis venait à Montmartre, tous les chapelains dépendant de son abbaye étaient tenus d'aller au-devant de cette procession jusqu'à la chapelle de Clignancourt.

L'abbaye de Montmartre possédait à Clignancourt un fief de celle de Saint-Denis ; à raison de cette possession, elle payait à la mense abbatiale de ce monastère une somme de mille livres à chaque mutation d'abbesse.

TABLE.

	Pages.
Aux Habitans du Diocèse de Paris	5
Préface	9
Etat Physique de la Butte Montmartre	13
Chroniques, ou Histoire générale de Montmartre.	19
Histoire de l'Abbaye de Montmartre	69
La Chapelle du Martyre	161
Paroisse	193
L'Eglise de Montmartre	217
Clignancourt	227

Imprimerie de Mme DE LACOMBE, rue d'Enghien, 12.

www.ingramcontent.com/pod-product-compliance
Lightning Source LLC
Chambersburg PA
CBHW071940160426
43198CB00011B/1481